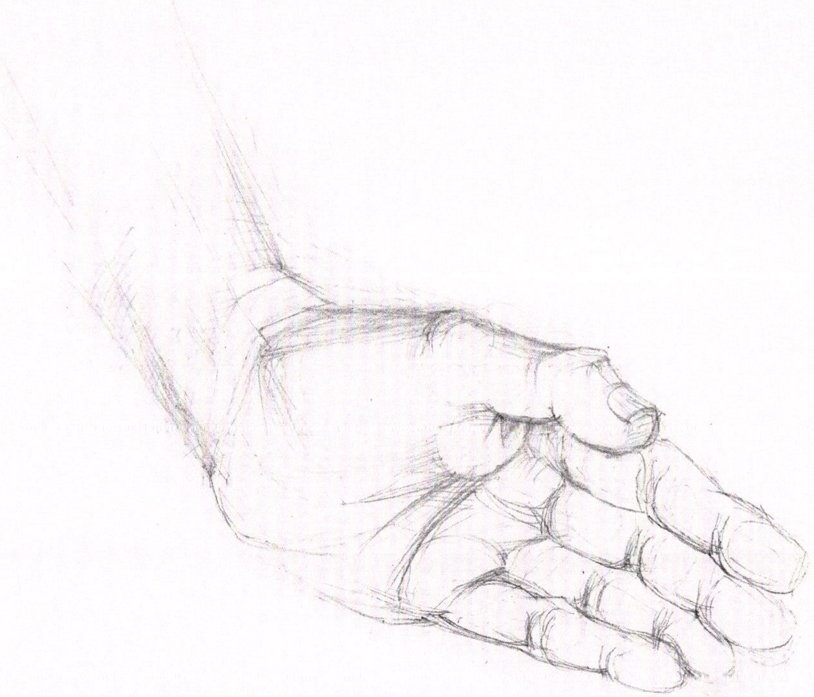

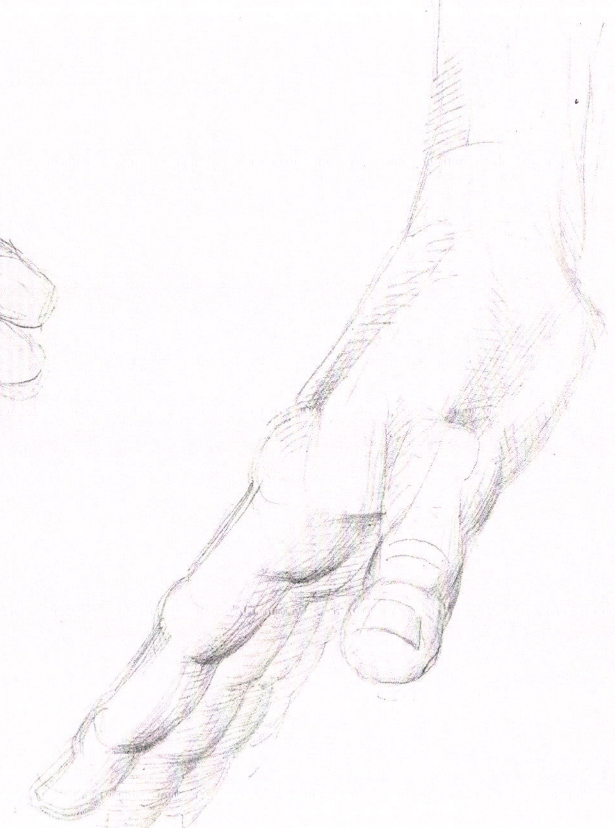

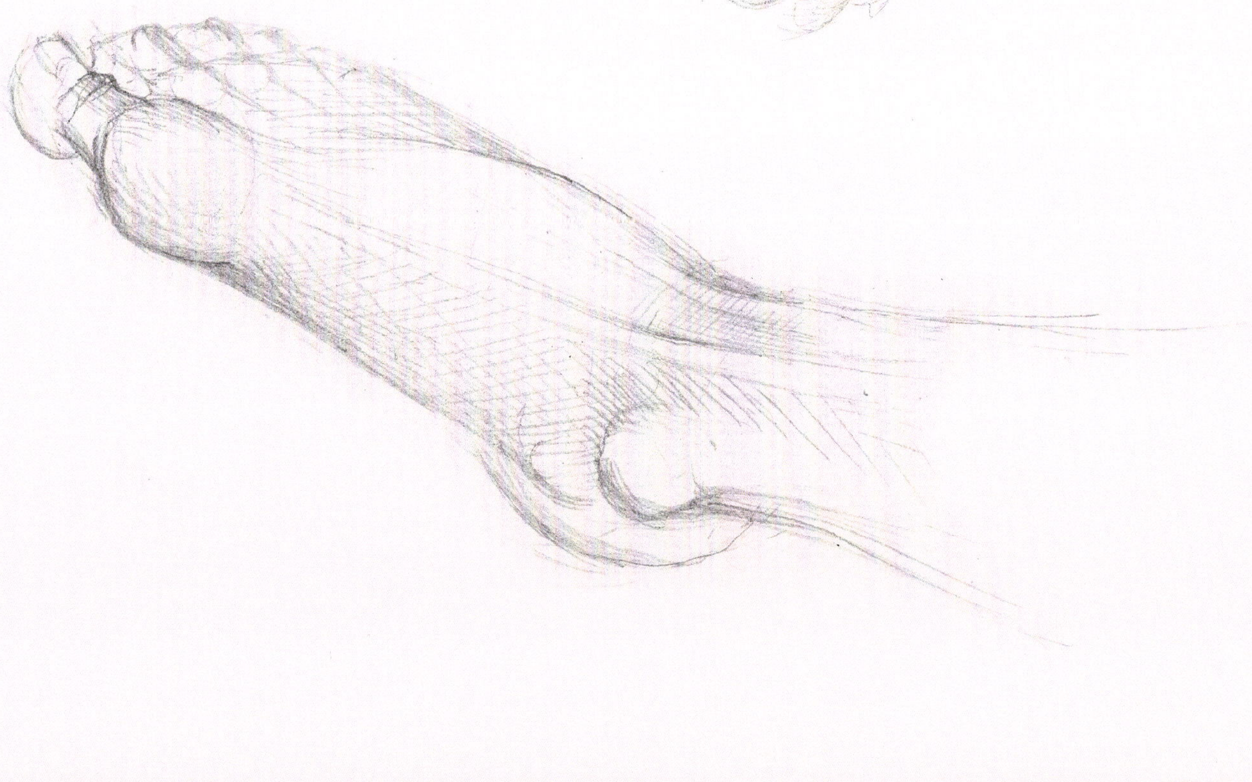

Petra Bammes

ZEICHNEN Hände & Füße

Step by Step detailgetreue Zeichnungen anfertigen

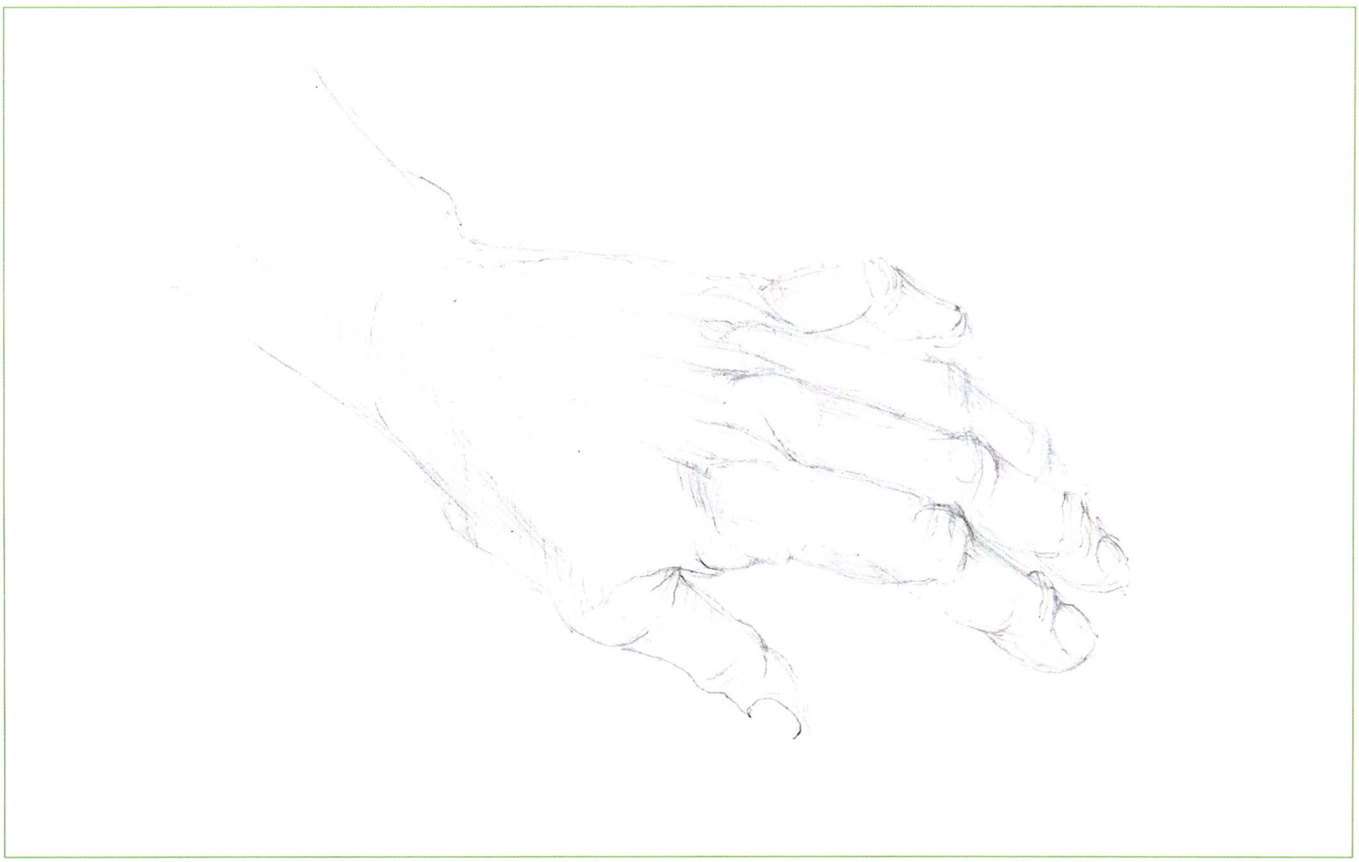

CV

Inhaltsverzeichnis

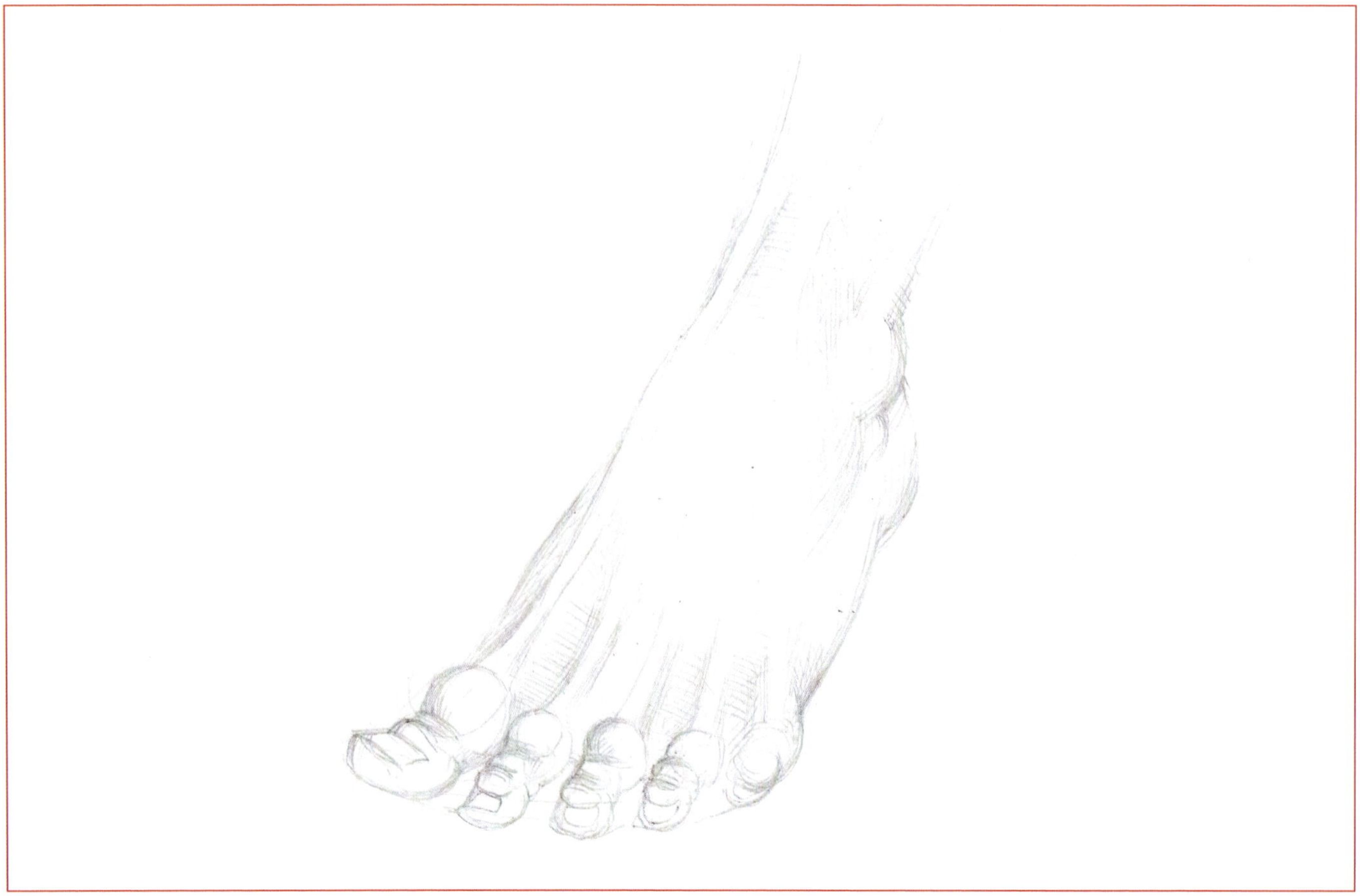

Vorwort

Um Hände und Füße sicher zeichnen zu können, muss man ihren Aufbau und ihre Funktion verstehen, denn diese erklären uns ihr äußeres Erscheinungsbild, also das, was wir letztendlich zeichnen wollen. Daher ist dieses Buch systematisch aufgebaut, beginnend beim Skelett mit der daraus bereits ersichtlichen Funktion über die vereinfachende Abstraktion für unsere Vorstellungskraft bis schließlich zur darauf aufbauenden praktischen Anwendung.

Die Abstraktion vereinfacht durch ihren Fokus auf das Wesentliche die Darstellung und macht sie so besser erfassbar und einprägsamer. Diese „Denkmodelle“ trainieren unsere visuelle Vorstellung und erleichtern dann später die Umsetzung beim Zeichnen.

Anhand von Fallbeispielen aus verschiedenen Perspektiven und in unterschiedlichen Bewegungen werden schrittweise praktische Anwendungen gezeigt, die immer diesem gleichen, vereinfachenden Schema folgen. Das Ziel ist, über das komplexe Verstehen zur sicheren Darstellung der äußeren Form zu kommen.

Nimm deine eigene Hand, deinen eigenen Fuß und drehe, greife und strecke die Finger und Zehen. Dadurch verknüpfst du in deinem Geist das hier Gelesene und Gesehene mit deinem eigenen Körpergefühl. Diese Verknüpfung der äußeren Erscheinung mit der dir so zu eigen gewordenen Körpererfahrung vermittelt dir wiederum ein besseres Verständnis deines eigenen Körpers. Und wenn du deine eigene Hand verstehst (die dir ja jederzeit als Modell zur Verfügung steht), verstehst du auch die eines anderen, die des Gegenüber, des Modells. Dasselbe gilt natürlich auch für den Fuß.

Ausgehend vom Betrachten des äußeren Erscheinungsbildes bis hin zum sprichwörtlichen „Be-greifen“ verläuft der rote Faden des Naturstudiums. Vom Erkennen über das Verstehen bis hin zum Zeichnen.

Besonders die Hand verfügt über ihre allgemeine Funktionalität hinaus über eine starke persönliche Aussagekraft. Sie erzählt viel über ihren Besitzer, sein Alter, seine körperliche wie seelische Verfassung, seine Lebensweise. Auch ist sie durch ihren Gestus in der Kunst ein „Überträger“ des Geistigen, des Expressiven, des Ausdruckes. Unzählige Beispiele in der Kunstgeschichte zeigen dies durch ihre große Vielfalt in ihrer individuellen Darstellung. Jede Epoche zeichnet sich durch eine ihrer Zeit entsprechende, ganz spezifische Formensprache aus, doch in allen liegt dieselbe Grundlegende einer Hand oder eines Fußes.

Eine Hand oder einen Fuß zu zeichnen ist immer wieder eine große Herausforderung. Lasse dich am Anfang nicht entmutigen, suche dir für den Einstieg eine möglichst einfache Pose und erweitere dann allmählich den Schwierigkeitsgrad. Auf diese Weise wirst du überrascht sein, welch stimmige Zeichnungen dir gelingen werden!

Die Hand

Die Hand ist für unseren täglichen Bewegungsablauf ein überauswichtiger Teil unseres Körpers, dessen wir uns im Alltag vielleicht gar nicht so bewusst sind. Dass wir zeichnen, schreiben oder auch „einfach" nur greifen können, nehmen wir als ganz selbstverständlich hin, ohne uns die Komplexität dieser Funktionen und damit der Konstruktion der Hand selbst vor Augen zu führen.
Durch die zeichnerische Auseinandersetzung, beginnend bei der Funktion, über die Anatomie bis hin zu ihrem emotionalen Ausdruck, wird uns die Hand vertrauter und in unserer Vorstellung werden uns die Zusammenhänge deutlicher. Das gilt im Folgenden natürlich genauso für den Fuß, der ähnlich komplexe Bewegungsabläufe vollziehen kann.

Zu zeichnen bedeutet nicht nur ein Abbilden, sondern durch das direkte Studium an der Natur vertieft sich auch unser visuelles Gedächtnis. So sind stetige Wiederholungen niemals langweilig, denn sie verdichten und vertiefen unsere Beobachtung. Die „Alten Meister" dokumentieren genau das mit ihren zahlreichen Zeichnungen.
Wir beginnen mit dem Grundgerüst, dem Skelett, auf dem sich alles Weitere aufbaut. Danach kommen wir zur vereinfachenden Abstraktion, die die Darstellung auf das Wesentliche reduziert.
Schließlich entwickeln wir die praktische Anwendung in der Zeichnung anhand von verschiedenen Perspektiven und Bewegungen.

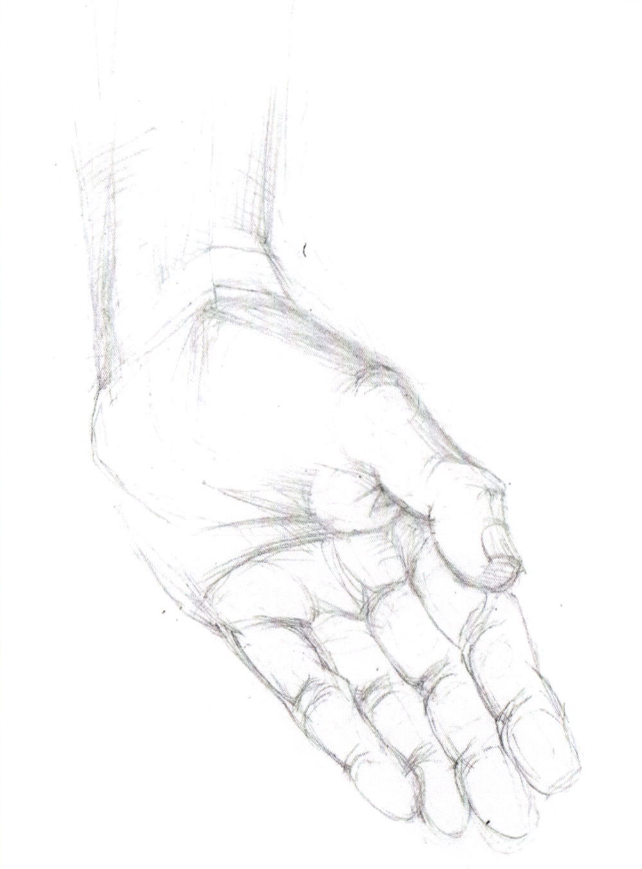

Handinnenseite

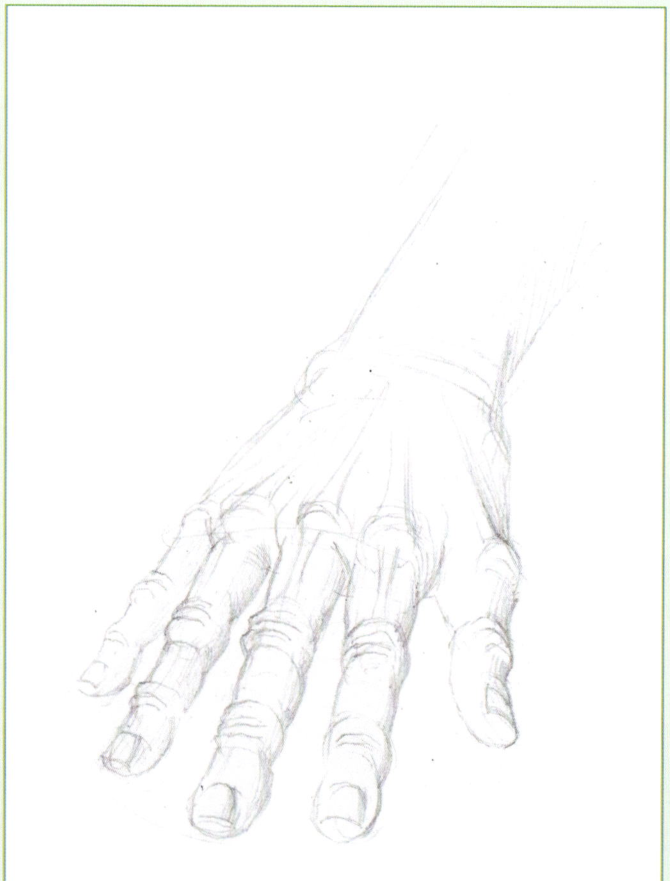

Handaußenseite

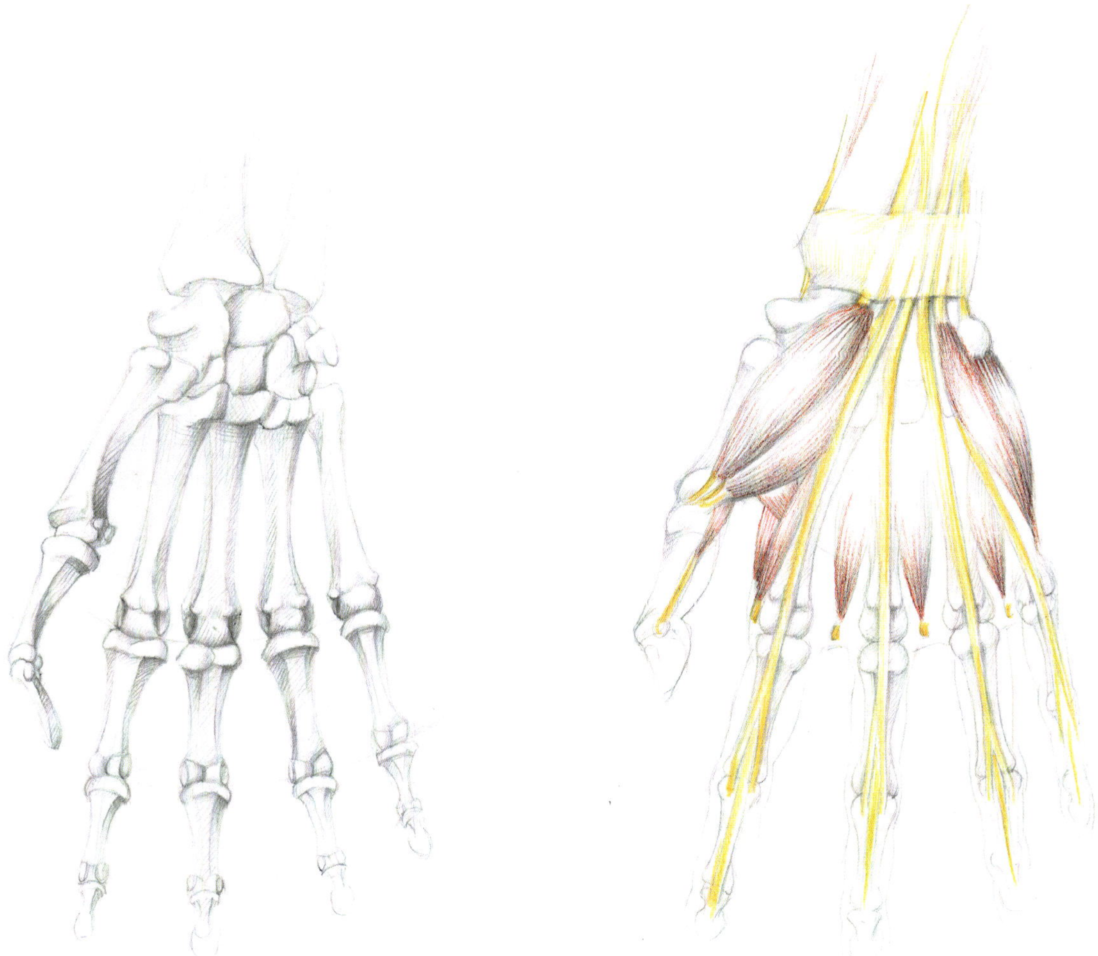

Handinnenseite: Skelett mit Muskulatur und Sehnen

Die Anatomie der Hand

Betrachten wir unsere eigenen Hände, werden wir sofort feststellen, dass bereits das Skelett die äußere Form mit ihren markanten Punkten definiert.

Der äußere, obere Handrücken zeigt sich kantig-knochig, er dominiert durch das Skelett und seine Gelenke. Auf der Innenseite der Handfläche tritt uns der weich geformte Handballen als der Ansatz des Daumens durch seine prägnante Wölbung entgegen. So sehen wir im Vergleich zwischen innerer Hand und äußerem Handrücken die im inneren Bereich deutlich stärker ausgeprägte Muskulatur, besonders die des Daumens, der seinem Ansatz im Handballen hat. Dieser stark muskulöse Ansatz ist eine Besonderheit des Daumens, des Greiffingers, der auch der Kräftigste von allen Fingern ist. Während alle anderen Finger aus vier einzelnen Fingerknochen bestehen, besteht der Daumen aus drei Fingergliedern. Dabei ist das den Handwurzelknochen zugeordnete Fingerglied, das also Teil der Handfläche ist, mitgerechnet. Die Fingerglieder sind sowohl im Skelett als auch in der Muskulatur feingliedriger beschaffen als der kräftige Daumen.

Die in der Innenseite der Hand befindliche große Masse an Muskulatur erklärt sich durch die Funktion der Hand, nämlich die des Zufassens, Festhalten, Greifens. Die an der Innenseite durch ein Band gehaltenen kräftigen Seh-

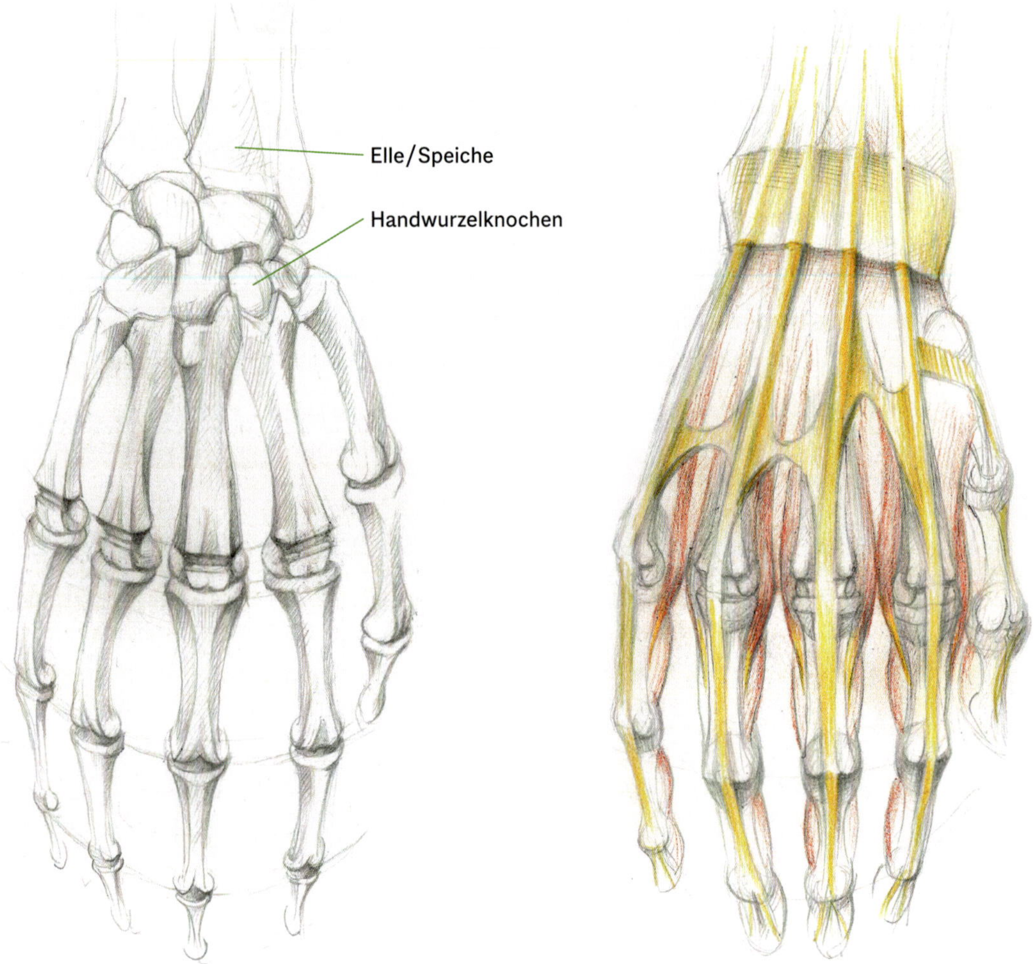

Handrücken: Skelett mit Muskulatur und Sehnen

nen übertragen die Muskelkraft vom Unterarm ausgehend bis hin in die Fingerspitzen.
Der äußere **Handrücken** definiert sich hauptsächlich durch die harten Fingerknochen, deren Gelenke und der darüber als scharfe Kanten verlaufenden Sehnen, die wiederum das Strecken bzw. Spreizen der Finger ermöglichen. Muskulatur dagegen findet sich auf dem Handrücken kaum. Die Hauptkraft der Hand wird beim Biegen der Finger, beim Zugreifen und Festhalten und weniger in der Streckung bzw. Spreizung der einzelnen Finger ausgeübt. Mehrere dicht aneinander liegende Handwurzelknochen bilden einerseits das Plateau für den Ansatz des Unterarmes aus Elle und Speiche und definieren gemeinsam mit diesen das Handgelenk, andererseits sind sie die Basis der daran ansetzenden Fingerglieder der Mittelhandknochen. Die einzelnen Handwurzelknochen sind durch zahlreiche Bänder und Sehnen miteinander verbunden und beweglich. Diese Beweglichkeit ermöglicht die Flexibilität der Handfläche, von einer gewölbten Haltung, in der sich die Handfläche biegt und der Daumen bis über die gesamte Handinnenfläche greifen kann, bis hin zu einer geraden Fläche, beispielsweise beim Aufstützen der Hand oder beim Spreizen der Finger.
Um die Komplexität der Hand besser verstehen zu können, gehen wir über deren Funktion in die Vereinfachung, in die abstrahierende Geometrisierung. Diese Schrittfolgen als Grundlage des Verstehens führen dann weiter zur realistischen Darstellung.

Ähnlich komplex wie die Hand selbst das **Handgelenk** aufgebaut. Der an der Hand ansetzende Unterarm besteht aus zwei einzelnen und unabhängig voneinander beweglichen Knochen, nämlich der Elle und der Speiche.
Die beiden können einander überlagern und ermöglichen dadurch - zusätzlich zum Kippen/Beugen der Hand - eine Drehung der Hand bis zu 180 Grad.
Den äußeren markanten Punkt des Handgelenkes bildet die Elle, den inneren, auf der Seite des Daumens, die Speiche. Der aus einer Vielzahl von kleinen Handwurzelknochen bestehende Ansatz der Hand bildet als ein halbrundes Plateau den Abschluss - was wiederum dem gemeinsamen, ebenfalls halbrunden Anschluss von Elle und Speiche entspricht. Diese passgenauen ineinandergreifenden Formen ermöglichen eine Vor- und Zurückbewegung, also das Kippen nach innen oder außen sowie das seitliche Winkeln der Hand.
Je nach Bewegung tritt der markante äußere Handgelenkknochen mehr oder weniger in Erscheinung. Bei Beugungen zwischen Hand und Unterarm bilden sich sowohl an der Ober- als auch an der Unterseite immer Faltungen, während sich gleichzeitig die gegenläufige Partie streckt. Auch bei einer seitlichen Bewegung der Hand beobachten wir am Handgelenk auf der einen Seite eine Stauchung mit Faltenbildung und auf der anderen Seite die Dehnung.

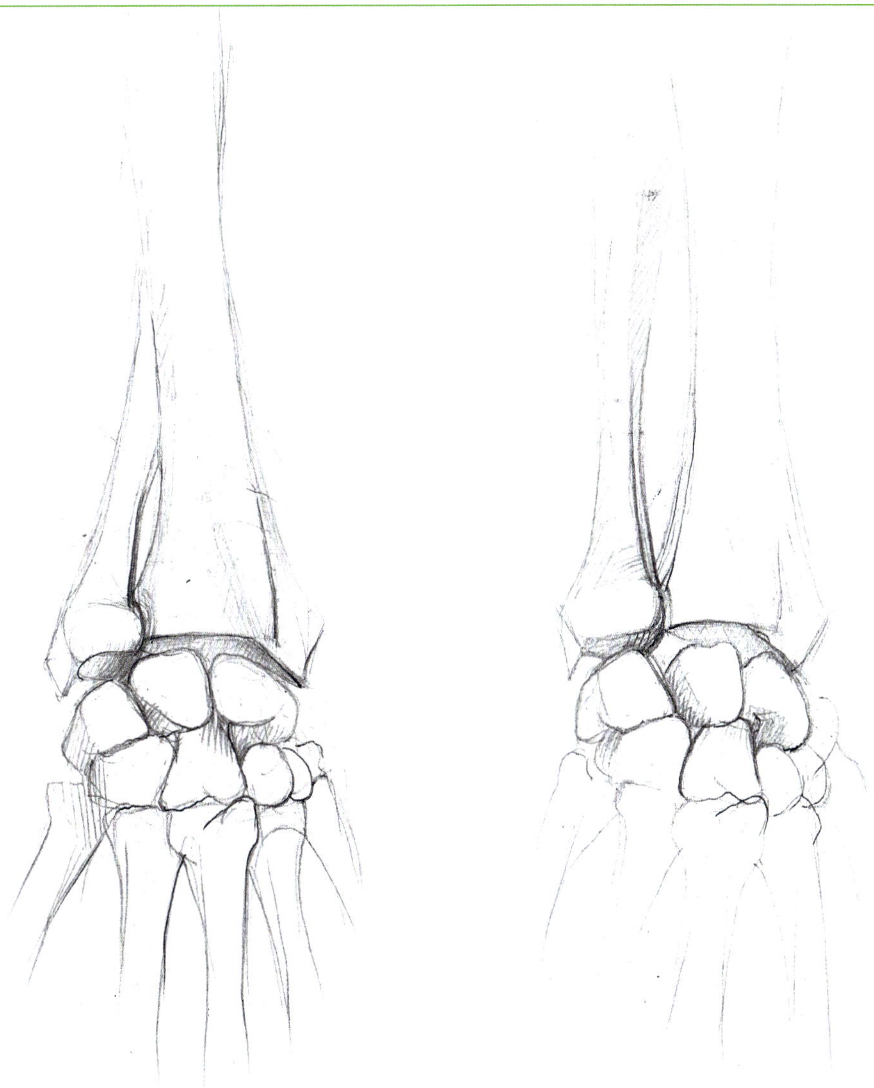

Handgelenk, Ansatz zwischen Unterarm (Elle und Speiche) und der Hand: Überlagerung von Elle und Speiche bei Drehbewegungen

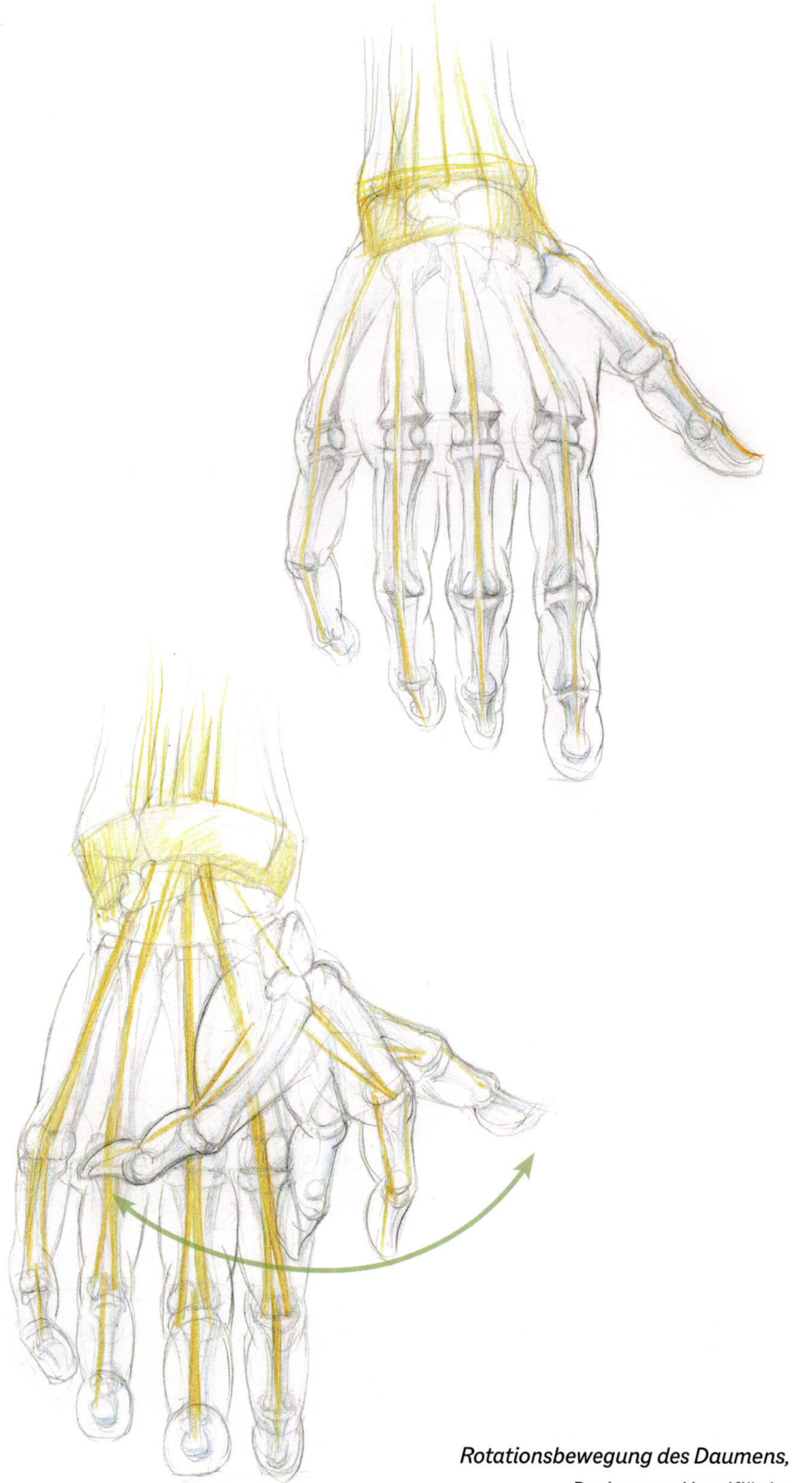

Rotationsbewegung des Daumens, Drehen zur Handfläche

Die Funktionen der Hand

Die Rotation des Daumens
Bei allen Fingergelenken – außer beim Ansatz des Daumens – handelt es sich um Scharniergelenke. Das bedeutet, dass hier nur eine geradlinige Streckung oder Beugung in eine Richtung möglich ist.
Der Daumen, unser Greiffinger, verfügt als einziger an seinem Ansatz am Handwurzelknochen über ein **Sattelgelenk**, das ihm erweiternde Rotationsbewegungen und damit sicheres Zugreifen sowie Feinmotorik ermöglicht.
Wie wir schon an der Darstellung des Skelettes erkennen können, befindet sich an der Unter- bzw. Innenseite der Fingerknochen eine walzenförmige Ausformung der Gelenkknochen, die ein Abrollen ermöglicht. An der Oberseite hingegen bildet eine klare Kante den Abschluss der einzelnen Gelenke, was ein weiteres Biegen in diese

Richtung unmöglich macht.
So können sich alle Finger also nur bis zum Anschlag an diese Kante bewegen und damit nur bis zu einer relativen Geraden gestreckt werden.
Dies gilt auch für das letzte Fingerglied des Daumens. Auch hier handelt es sich um ein Scharniergelenk und damit ist ebenfalls nur eine gerade Streckung möglich.

Untersuche deine eigenen Hände und beobachte, welche **Funktionen und Bewegungen** möglich sind. Du wirst schnell feststellen, wie sich jeder einzelne Finger spezifisch bewegen lässt. Der Daumen hat - auf Grund seines Rotationsgelenkes am Handwurzelknochen - die weitaus größte Flexibilität. Mit ihm kannst du jeden einzelnen Finger berühren und ihn darüber hinaus weit von der Handfläche abspreizen. All die anderen Finger können (da sie nur Scharniergelenke haben) ausschließlich gradlinig beugen.

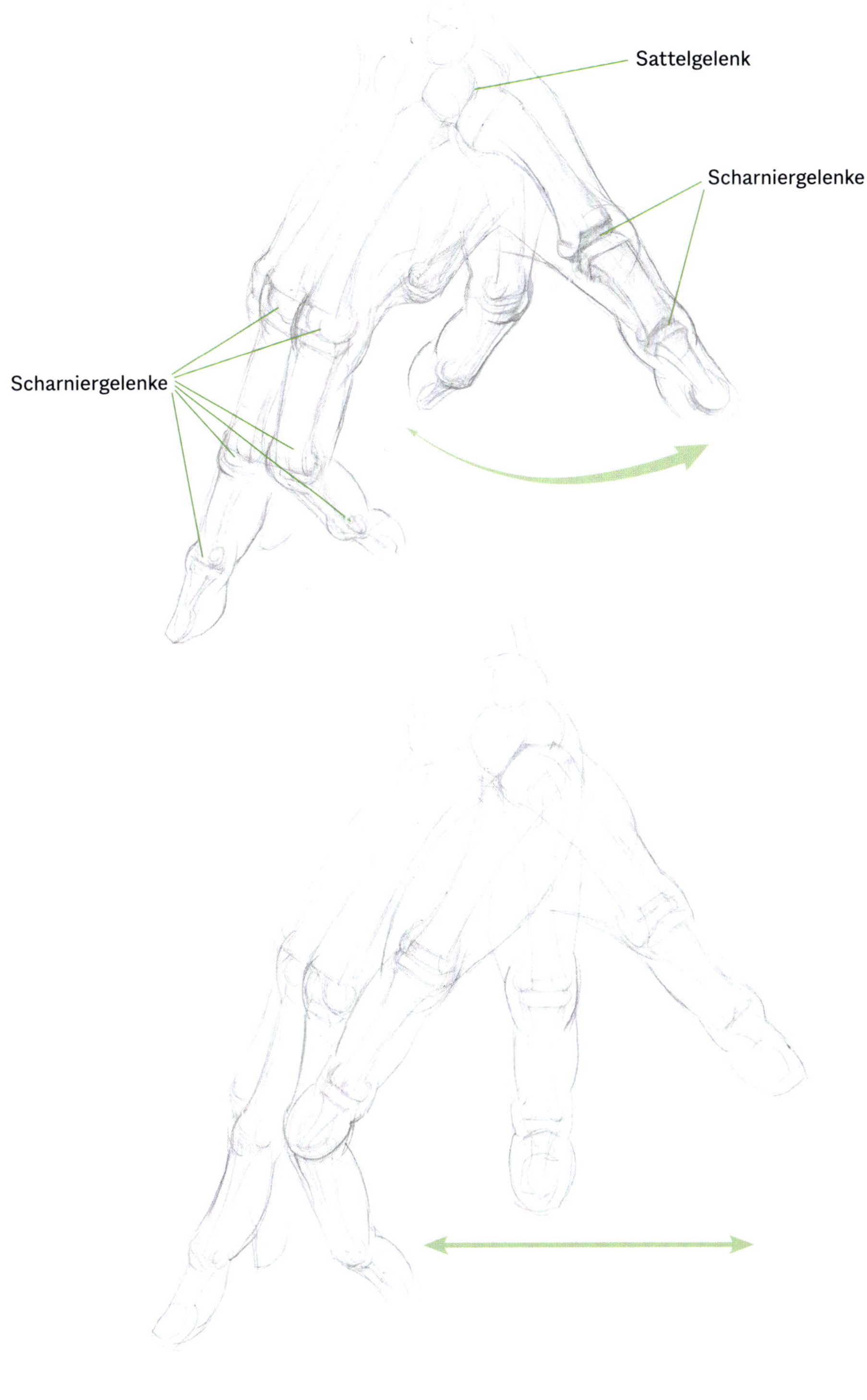

Rotationsbewegung des Daumens, perspektivisch

Schließen und Spreizen

Die einzelnen Finger lassen sich mit gestreckter (oder aufliegender) Hand nur leicht spreizen. Ausschließlich der Daumen bildet eine Ausnahme und ist beweglicher.
Hier sehen wir den Verlauf der Sehnenstrecker (gelb) auf dem Skelett des Handrückens. Ihr Ursprung ist an der Oberseite des Unterarmes. Von dort aus laufen sie über das Handgelenk - dort gehalten von einem Band - und dann strahlenförmig weiter über den Handrücken bis hin in die Fingerspitzen. Sie ermöglichen das Strecken und Spreizen der einzelnen Finger.

Probiere das an deinen eigenen Händen aus. **Greife** Gegenstände, halte den Stift und verinnerliche dabei, was deine Hand wie tut. Schaue darüber hinaus auch auf das markante **Hervortreten der Sehnen** (Fingerstrecker), sobald sich die Finger spreizen, und studiere die **Faltenbildungen**, sobald die Finger sich dicht aneinander pressen.

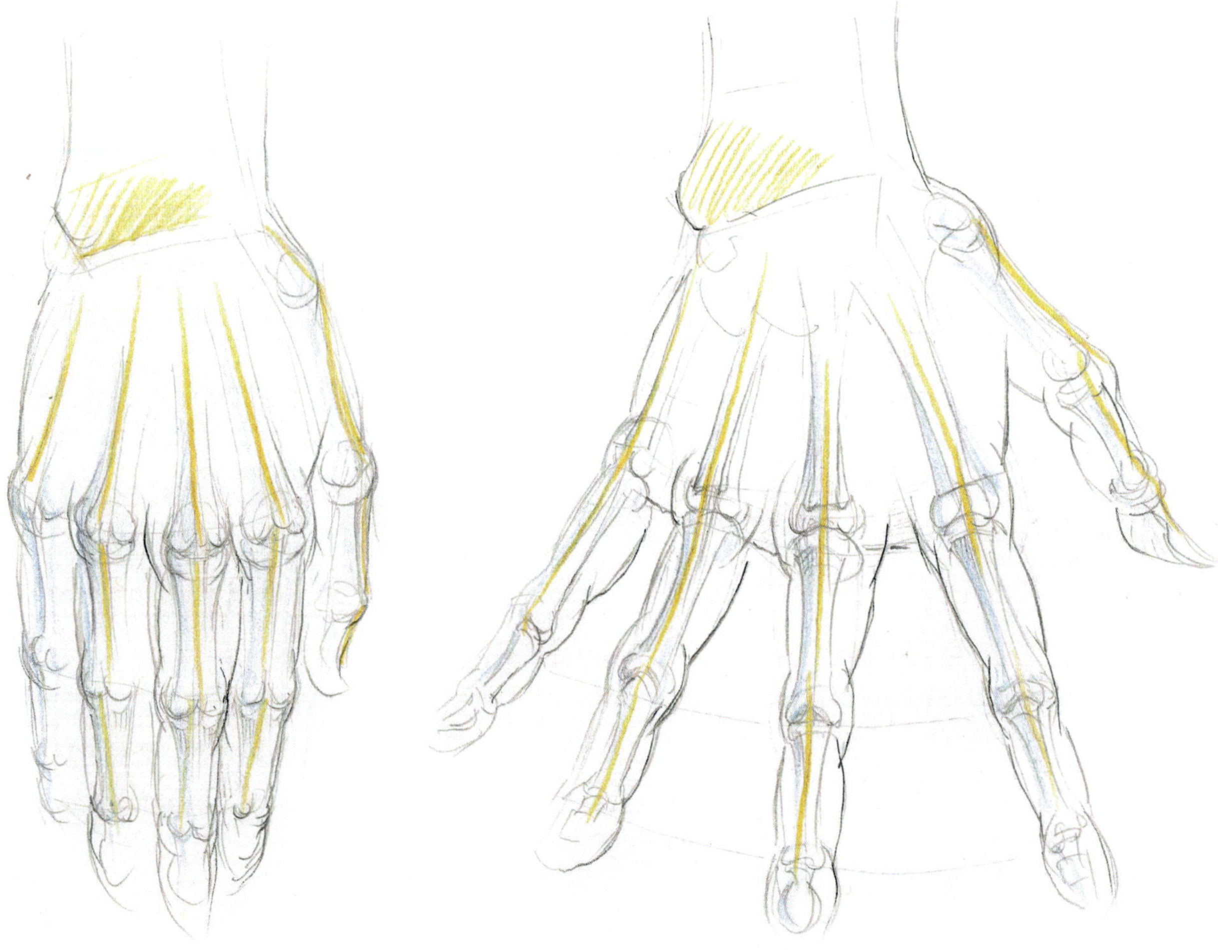

Geschlossene/gespreizte Hand, Skelett mit Sehnenverlauf

Reizvoll ist dabei das Spiel zwischen den harten Knöcheln und dem weichen und biegsamen Muskelgewebe sowie der Haut. Je nach Funktion der einzelnen Finger tritt dieses Wechselspiel unterschiedlich hervor:
Beim Öffnen der Hand spreizen die Fingersehnen die einzelnen Finger auseinander und treten dabei deutlich an der Oberfläche hervor, die Haut zwischen den Fingern spannt sich.

Beim Schließen der Hand staucht sich die Haut in kleinen Falten zwischen den Fingern. Besonders deutlich ist dies beim Daumen, wo im geschlossenen Zustand eine Wölbung sehr dominant hervortritt, denn als kräftigster Finger hat der Daumen auch die meiste Muskelmasse.

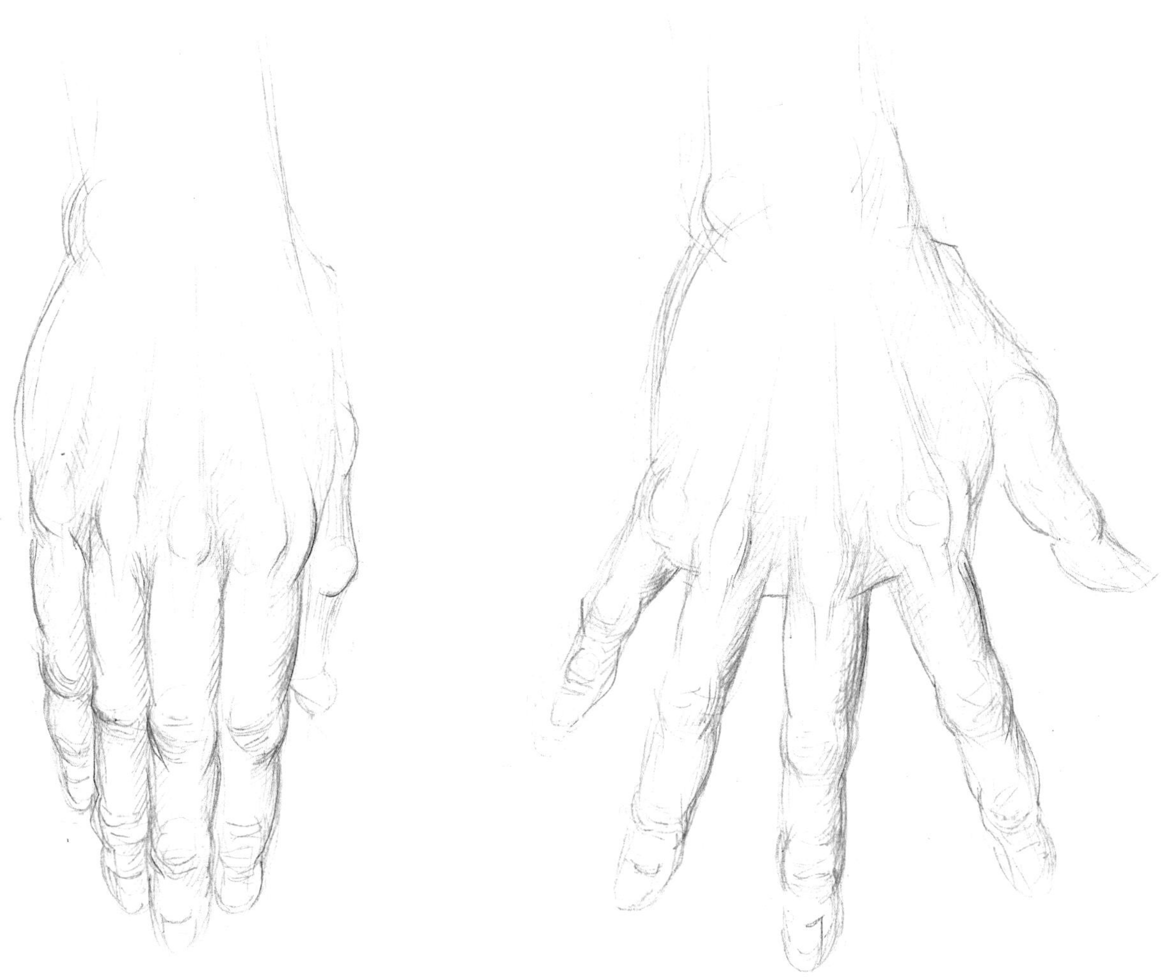

Geschlossene/gespreizte Hand, äußeres Erscheinungsbild

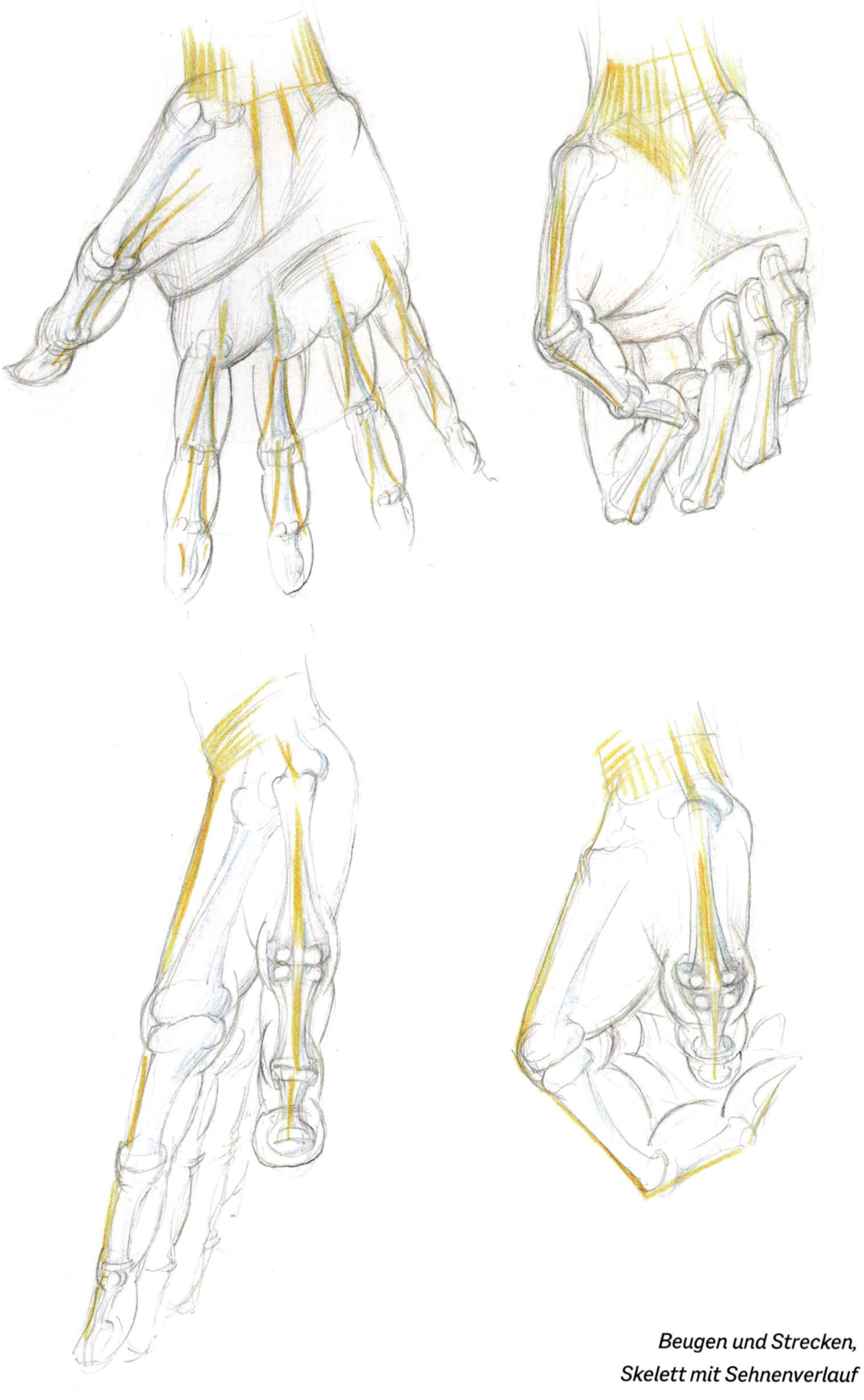

Beugen und Strecken, Skelett mit Sehnenverlauf

Strecken und Beugen der Hand
An diesen Darstellungen sehen wir die unterschiedlichen Bewegungsmöglichkeiten der einzelnen Finger unter dem Aspekt des Skelettes und der Sehnen. Während die einzelnen Gelenke der Finger als markante Punkte auf dem Handrücken in Erscheinung treten, ist die Handinnenfläche weniger kantig-prägnant. Hier herrscht weiche Muskelmasse vor. Beim Schließen der Hand, also bei der Beugung der Finger, staucht sich die Muskulatur bis hin zu Falten in unseren Handlinien, während auf der Gegenseite der Knöchel hart heraustritt. Aus dem anatomischen

Ansatz der Gelenke sowie den darüber verlaufenden Sehnen erklärt sich dann in dieser Zeichnung das äußere Erscheinungsbild bei unterschiedlichen Funktionen. Das äußere Erscheinungsbild folgt der Logik von Skelett und Sehnenverlauf. Nur an den Gelenken, die in jeder Haltung stets markanten Punkte einer Hand, kann sich der Finger beugen oder strecken. Die weiche Muskelmasse und das Gewebe geben dem nach. Je nach persönlicher Beschaffenheit der Hand, wie Alter, Geschlecht, aber auch entsprechend der Lichtverhältnisse, können diese typischen Details besonders hervorgehoben werden.

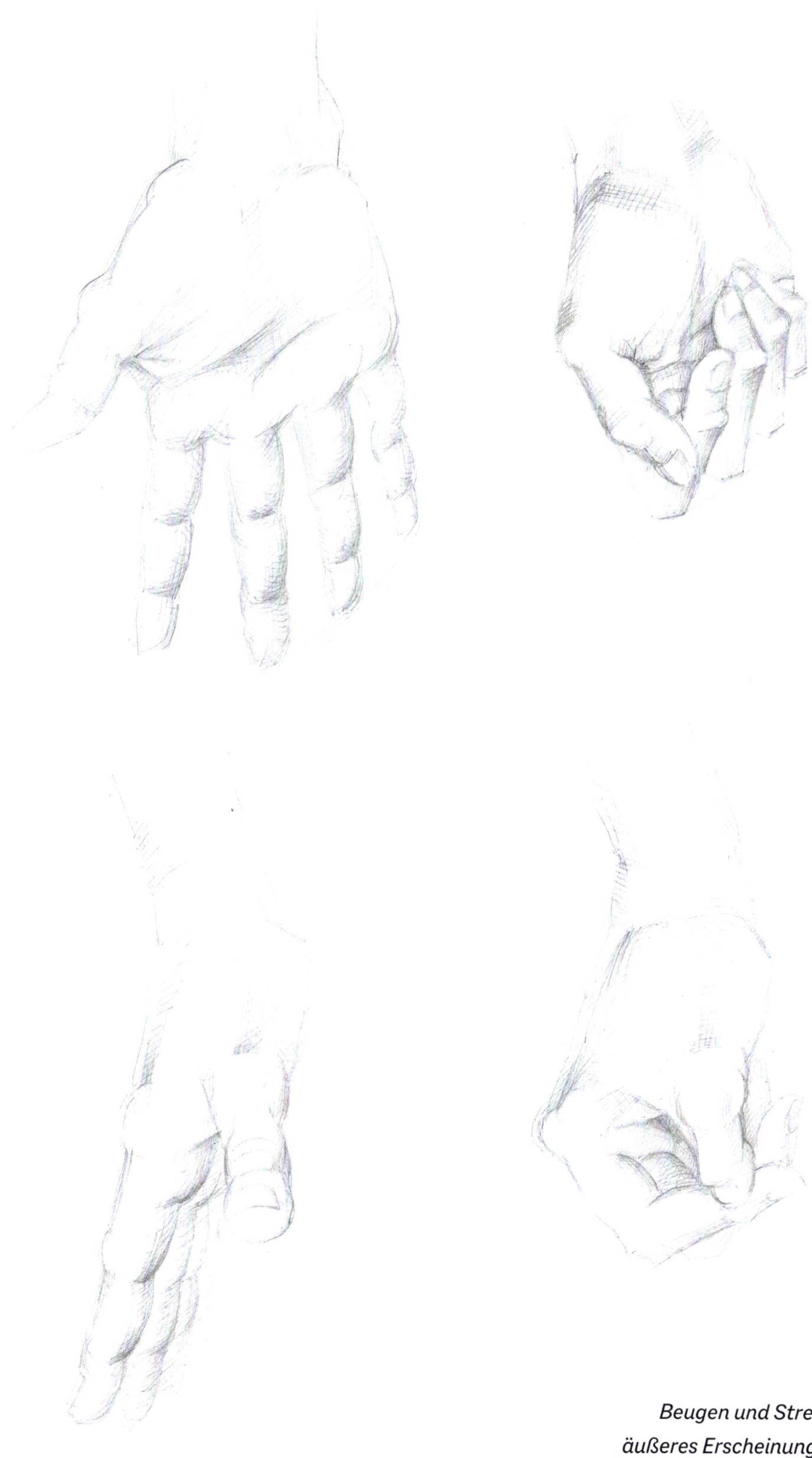

Beugen und Strecken, äußeres Erscheinungsbild

Vereinfachung und Geometrisierung der Darstellung

In der vereinfachten Darstellungen wird der aus einer Vielzahl von einzelnen Handwurzelknochen bestehende **Handrücken** als ein Ganzes gezeigt. In lockerer Handhaltung erscheint der Handrücken als leicht gewölbtes Trapez, die jeweils daran ansetzenden Fingerknöchel als Halbkugeln.

Das Trapez des Handrückens verkürzt sich zum kleinen Finger hin und hat die höchste Ausdehnung am Ansatz des Mittelfingers, während die Form zum Zeigefinger wieder etwas abfällt. Dieser „halbmondartige" Formverlauf verstärkt sich dann weiter durch die am äußeren Rand des Trapezes ansetzenden Fingerglieder. Dabei besteht der Mittelfinger (als der längste) auch aus den längsten einzelnen Fingergliedern, der kleine Finger wiederum aus den kleinsten und grazilsten. So verstärkt sich der für die Hand so typische „halbmondartige" Formverlauf vom Handrücken bis weiter in die Fingerspitzen und ergibt den typischen Halbkreis der Hand.

Der markante Verlauf der Sehnen, ausgehend vom Unterarm und von einem Band am Handgelenk gehalten, erstreckt sich strahlenförmig weiter über den Handrücken sowie an der Innenseite des Handgelenkes bis zum letzten Fingerglied der Fingerspitzen. Auch hier bildet der Mittelfinger durch seinen Sehnenverlauf auf der Mitte des Handrückens die Höhe des Formverlaufes auf dem Handrücken.

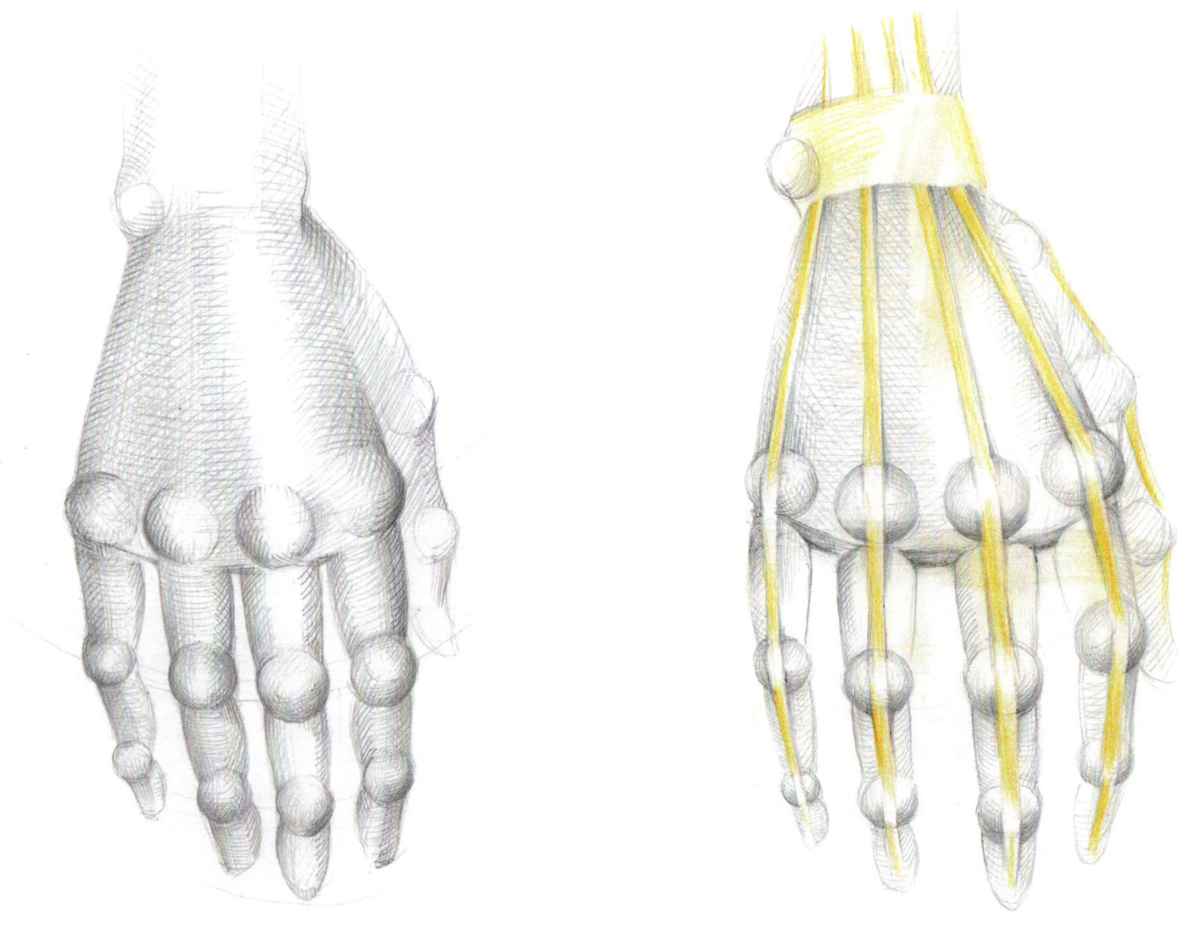

Handrücken: Vereinfachung/Geometrisierung, mit Sehnenverlauf

Der **Daumen** setzt an der Seite des Trapezes tiefer an und endet etwa auf der Höhe des ersten Zeigefingergelenks. Durch seinen Ansatz mit einem Sattelgelenk kann der Daumen - als einziger Finger - eine Rotationsbewegung ausführen. Er kann bei flacher Hand gemeinsam mit dem Handrücken eine gerade Fläche bilden oder sich beim Greifen bis zu 90 Grad von diesem abwinkeln. Auch kann er die **Handfläche** umgreifen und dabei jede andere Fingerkuppe berühren.
Der Daumen besteht inklusive des Mittelhandknochens aus nur drei Knochengliedern, während alle anderen Finger aus vier einzelnen Gliedern bestehen. Der Daumen ist also bereits im Skelett kräftiger angelegt als alle anderen Finger, was sich im Aufbau der Muskulatur fortsetzt.
Die starke Muskulatur in der Innenseite der Hand am Daumenballen erklärt sich aus der wesentlichen Funktion der Hand: Zufassen, Greifen, Festhalten.
Der **Handrücken** definiert sich hauptsächlich durch die Fingerknochen, deren Gelenke und die darüber in scharfen Kanten verlaufenden Sehnen. Muskulatur befindet sich auf dem Handrücken kaum, denn die Hauptkraft der Hand wird beim Biegen, also beim Zugreifen und Halten, und weniger beim Strecken der einzelnen Finger ausgeübt.
Den oberen Abschluss der Hand und damit das **Handgelenk** bilden mehrere einzelne, durch Bänder flexibel verbundene Handwurzelknochen. Elle und Speiche enden im Handgelenk auf gleicher Höhe. So entsteht also eine gemeinsame Ebene, sozusagen ein Plateau, woran die Handwurzelknochen ansetzen und das Gelenk bilden.

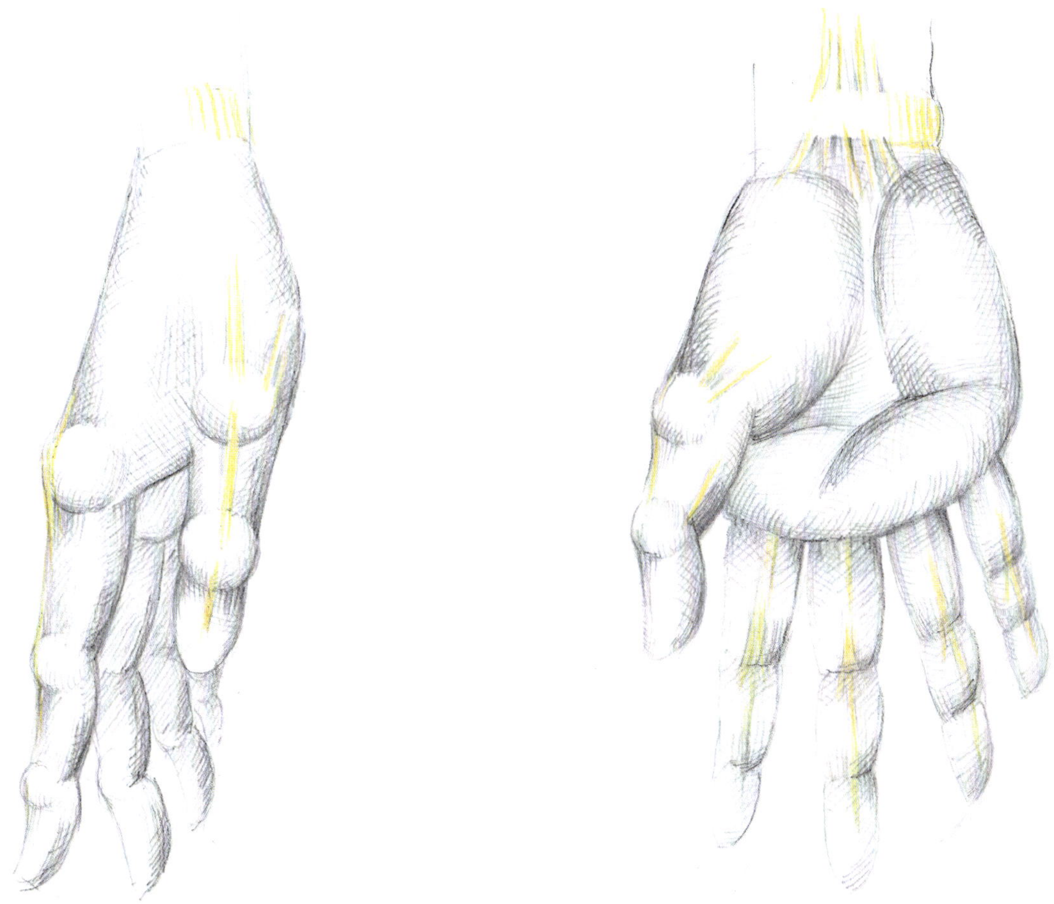

Handinnenfläche: Vereinfachung/Geometrisierung, perspektivisch, mit Sehnenverlauf

Die Hand in ihrer vereinfachten Darstellung

Zu der Vielzahl an Bewegungsmöglichkeiten der Hand kommt beim Zeichnen noch ein wesentlicher Aspekt hinzu: die Perspektive. Beim Zeichnen auf einem Blatt Papier (oder einem anderen Malgrund) gilt es, die räumliche Dreidimensionalität der Realität überzeugend auf einer zweidimensionalen Fläche, der unseres Papiers, darzustellen.
Hierbei hilft uns die abstrahierende und damit auf das Wesentliche fokussierte Vorstellung von einfachen geometrischen Formen. Durch die Architektur und den alltäglichen Umgang mit technischen Darstellungen aller Art sind wir mit geometrischen Formen besser vertraut und in unseren Sehgewohnheiten geschult, als wir vielleicht glauben. Diese Erfahrung nehmen wir jetzt zur Hilfe. Die Handfläche z.B. kann zu einem Trapez vereinfacht werden, die auf dem Handrücken ansetzenden Gelenke zu Halbkugeln und die Sehnen zu linearen Verbindung der einzelnen Fingergelenke. Auf diese Weise bringen wir bereits das Charakteristische einer Hand, sozusagen den „Bauplan", auf das Papier und eine zeichnerische Darstellung fällt uns dadurch leichter.
Die Vereinfachung folgt stets dem gleichen Prinzip:

1. Lage (perspektivische Ausrichtung) der Trapez-Form
2. Darstellung der Gelenke durch Halbkugeln an der oberen Kante der Trapez-Form
3. räumliche Ausrichtung der Finger in ihrer Haltung oder Funktion, z.B. Beugen oder Strecken

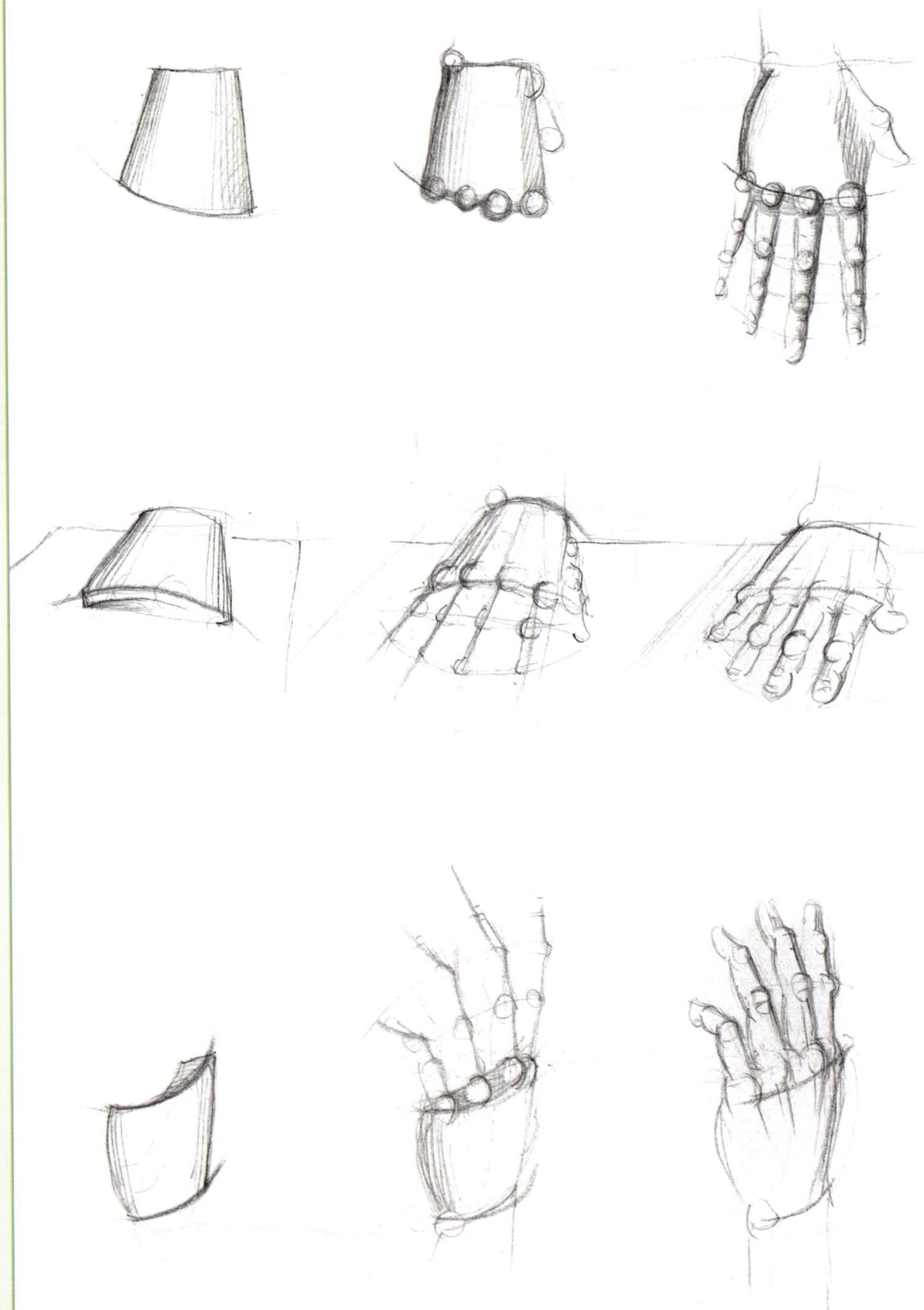

Geometrische Vereinfachung der Hand in Schritten. Die Trapez-Form bildet, entsprechend seitenverkehrt, die Grundlage sowohl für Handfläche als auch Handrücken. Der Ansatz der einzelnen Gelenke (Kugeln) wiederum bleibt dabei immer der gleiche, die Ausrichtung (Perspektive) der einzelnen Finger folgt analog deren Bewegung.

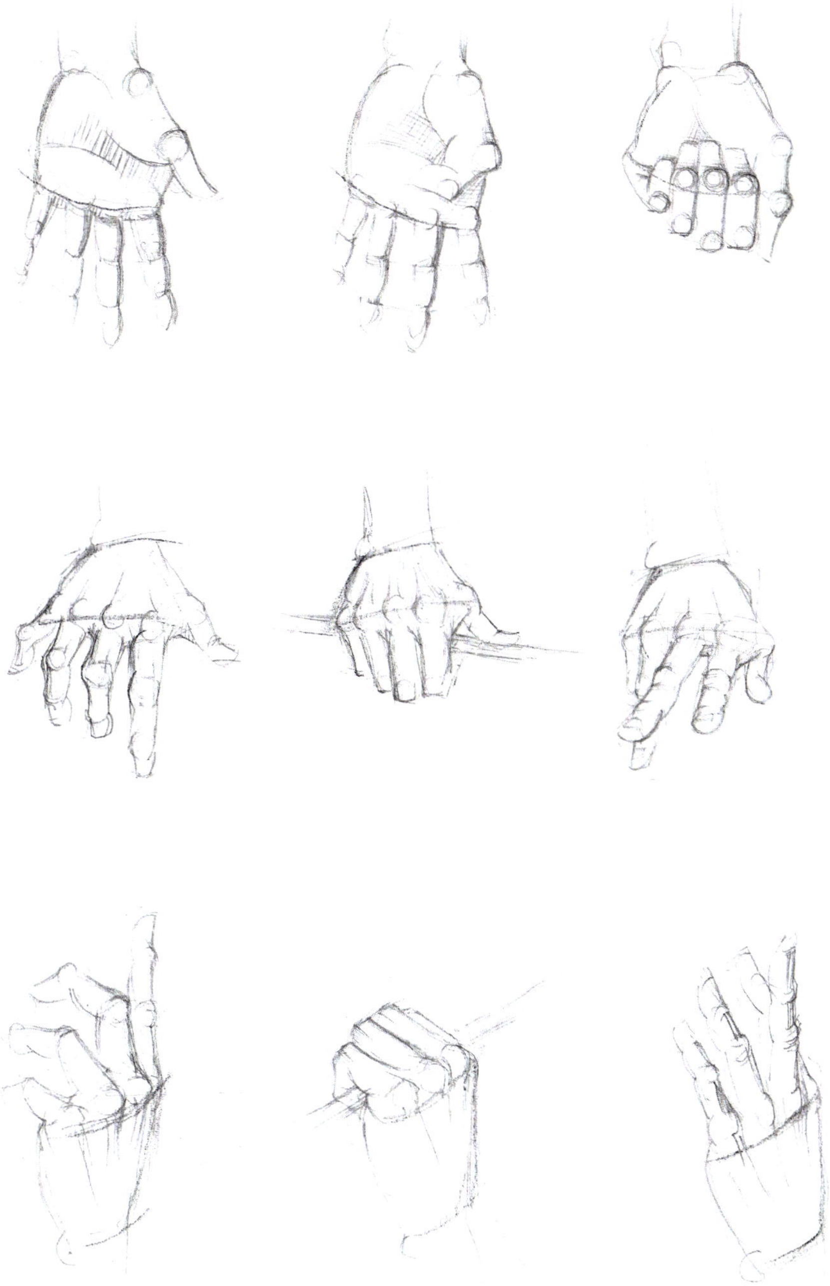

Ausrichtung der Finger in Perspektive und Funktion. Die Beispiele zeigen, dass man aus einer gleichen Haltung des Handrückens bzw. der Trapez-Form durch unterschiedlichen Beugungen und perspektivische Ausrichtungen der einzelnen Finger zu den verschiedensten Variationen bzw. Funktionen einer Hand kommen kann.

Die folgenden Anwendungsbeispiele folgen immer diesem gleichen Prinzip: Zunächst wird ein entsprechend der jeweiligen Perspektive definiertes Trapez gezeichnet und an dessen breiter Ausdehnung die Halbkugeln der Fingergelenke platziert. Dann folgt die lineare Ausrichtung der einzelnen Finger, die sich - je nach Beugung an den Fingergelenken - auch „knicken“ können. Ist das ein mal geklärt, ergibt sich die Zeichnung dann viel leichter.

Blick nach innen

Oft sind wir erst einmal so fasziniert von einer Hand, dass wir uns von vielen Nebensächlichkeiten, Fältchen und Schatten leiten und ablenken lassen und das Wesentliche aus dem Auge verlieren.

Wende für einen Moment den Blick weg vom Modell und schaue dafür kurz nach innen, in deine Vorstellungskraft. Frage dich mit geschlossenen Augen: Was tut die Hand überhaupt und wie liegt sie im Raum? Durch diese abstrahierende Analyse gelangst du leichter zu einer glaubwürdigen zeichnerischen Darstellung.

Die Hand mit Ansatz/Unterarm

Wie anfangs schon erwähnt, setzen sich die vielfältigen Funktionen und Haltungen der Hand über ihren Ansatz, das Handgelenkes, bis hoch in den Unterarm fort.
Dieser besteht aus Elle und Speiche. An ihrem oberen Ende bilden sie in der Armbeuge den Ellbogen, unten münden sie ins Handgelenk.
Durch ihre Fähigkeit der Überlagerung können Elle und Speiche im Handgelenk eine halbe Drehung um die eigene Achse erreichen. Damit wird die erstaunliche Beweglichkeit der Hand bereits durch die Konstruktion des Unterarms eingeleitet.
Hier sehen wir die Möglichkeit des Drehens der Hand, von der Innenseite des Handgelenkes bis zur äußeren Handfläche, bei immer gleichbleibender Stellung des Oberarmes, was durch die Überlagerung von Elle/Speiche ermöglicht wird.

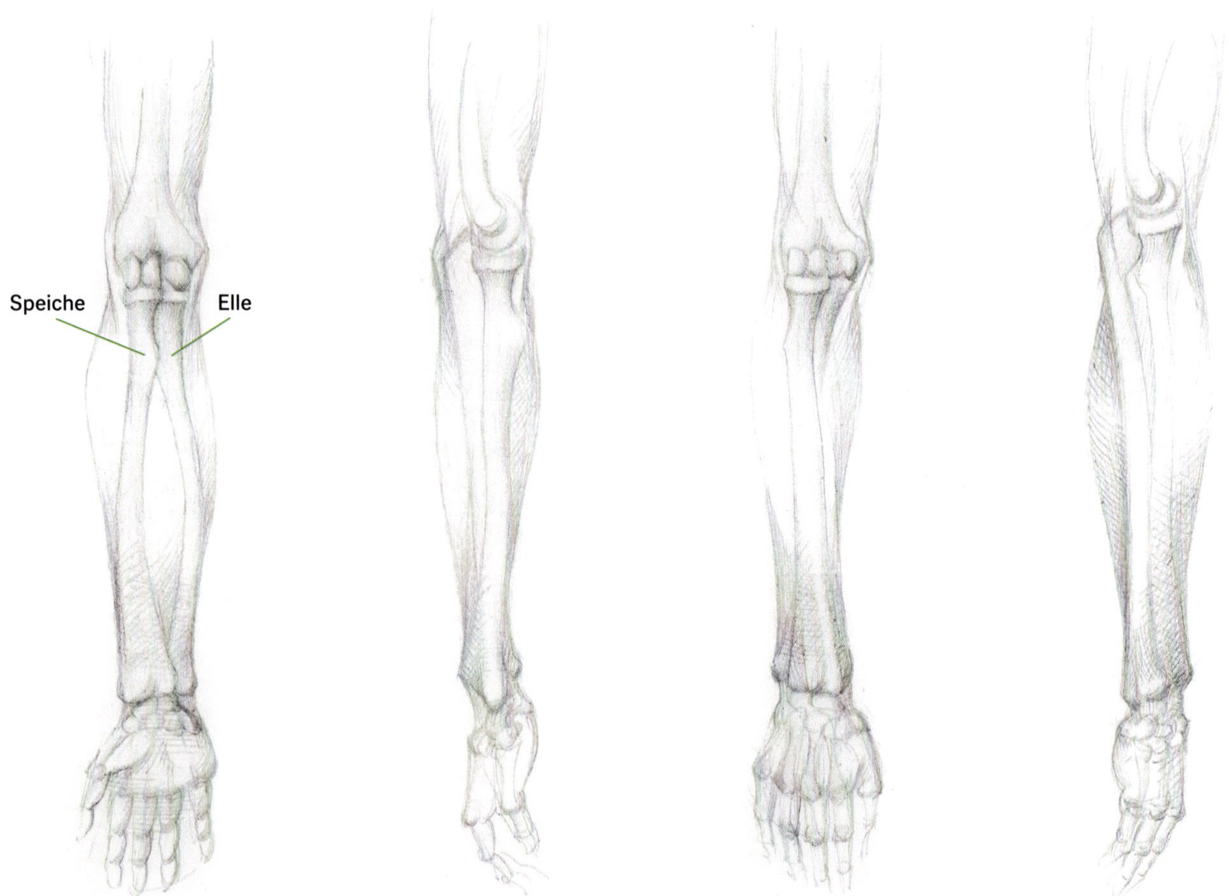

Unterarm und Hand: Überlagerung von Elle und Speiche

In der **anatomischen Darstellung** sehen wir eine stark ausgeprägte Muskulatur, die in einer Vielzahl von Sehnen an der Ober- und der Unterseite über das Handgelenk geleitet wird und in den Fingerspitzen mündet. Die an der Innenseite befindlichen Muskelgruppen sind für das Zugreifen und Festhalten zuständig, die auf der Oberseite dienen dem Abwinkeln und Anheben der Hand, ebenso wie dem Strecken und Spreizen der Finger. Die schräg verlaufende Muskulatur unterstützt die Drehbewegungen.

Entsprechend der Belastung kontrahieren die entsprechenden Muskelgruppen. Dabei schwillt jeweils ihr Volumen an und die Sehnen treten an ihrem Ansatz (besonders deutlich am inneren Handgelenk und an der Oberseite des Handrückens) hart und kantig hervor.

Probiere das mit deiner eigenen Hand im Vergleich mit der anatomischen Darstellung. Du wirst sofort den Zusammenhang erkennen, denn die „Arbeit“ (das optische Hervortreten) der einzelnen Muskelgruppen und Sehnen erklärt sich durch ihre Funktion.

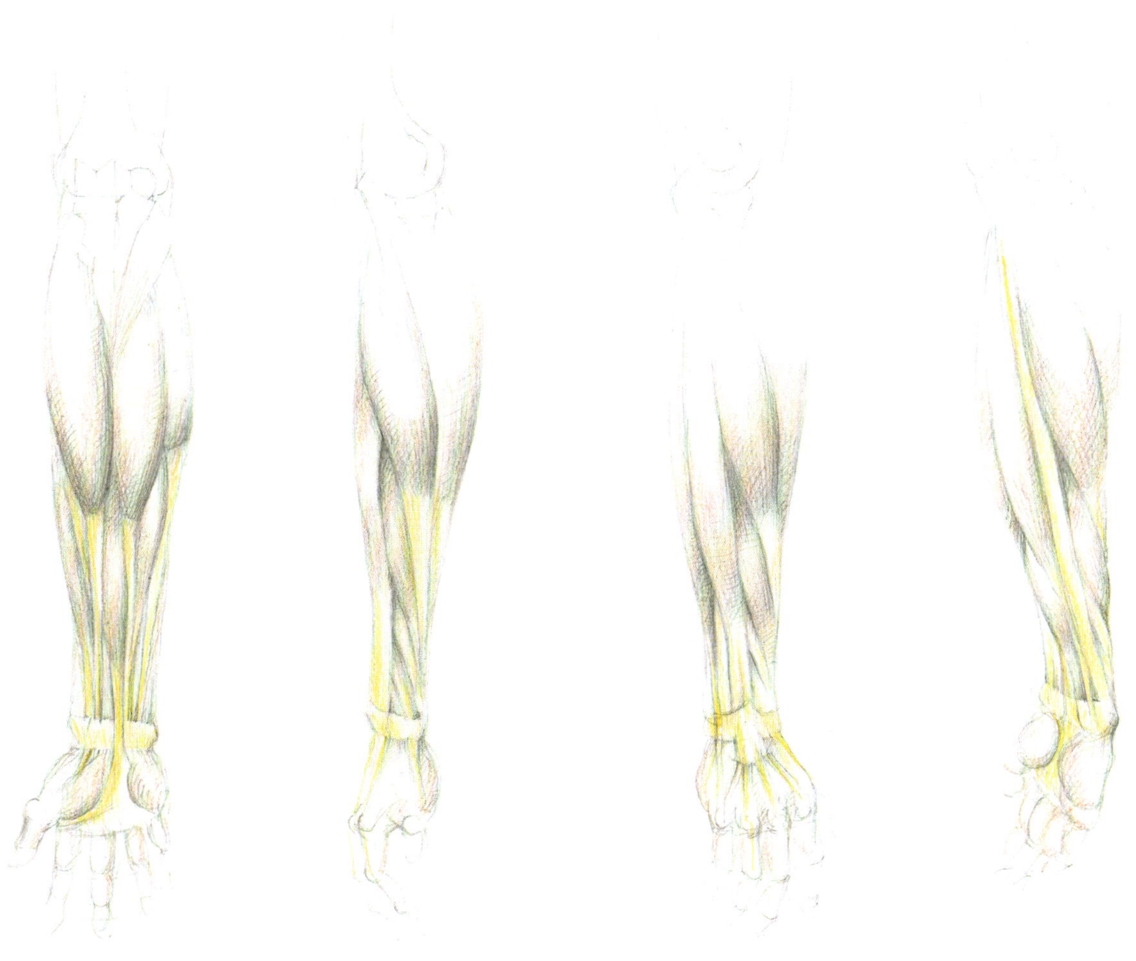

Unterarm und Hand: anatomische Darstellung

Aufbauend auf der Anatomie kommen wir auch hier wieder weiter zur **Geometrisierung**, zur Vereinfachung, um dadurch die Zusammenhänge besser in unserem visuellen Gedächtnis behalten und am Modell das Wesentliche erkennen zu können.
Der Unterarm mit Elle und Speiche lässt sich als „Brett“ vereinfachen und der am äußeren Handgelenk liegende markante Punkt als „Halbkugel“. Die sich darüber befindliche Muskulatur wird in Form einer „Spindel“ dargestellt. Bei einer Drehbewegung des Unterarmes, wo Elle und Speiche einander überlagern, verdreht sich auch das „Brett“ und der spindelförmige Verlauf der weichen Muskelgruppen passt sich daran an. Das Skelett bleibt immer starr und gibt die Bewegung vor, während die „Weichteile“, also die Muskulatur, das Gewebe und die Haut, flexibel nachgeben und der Position des Skeletts folgen.

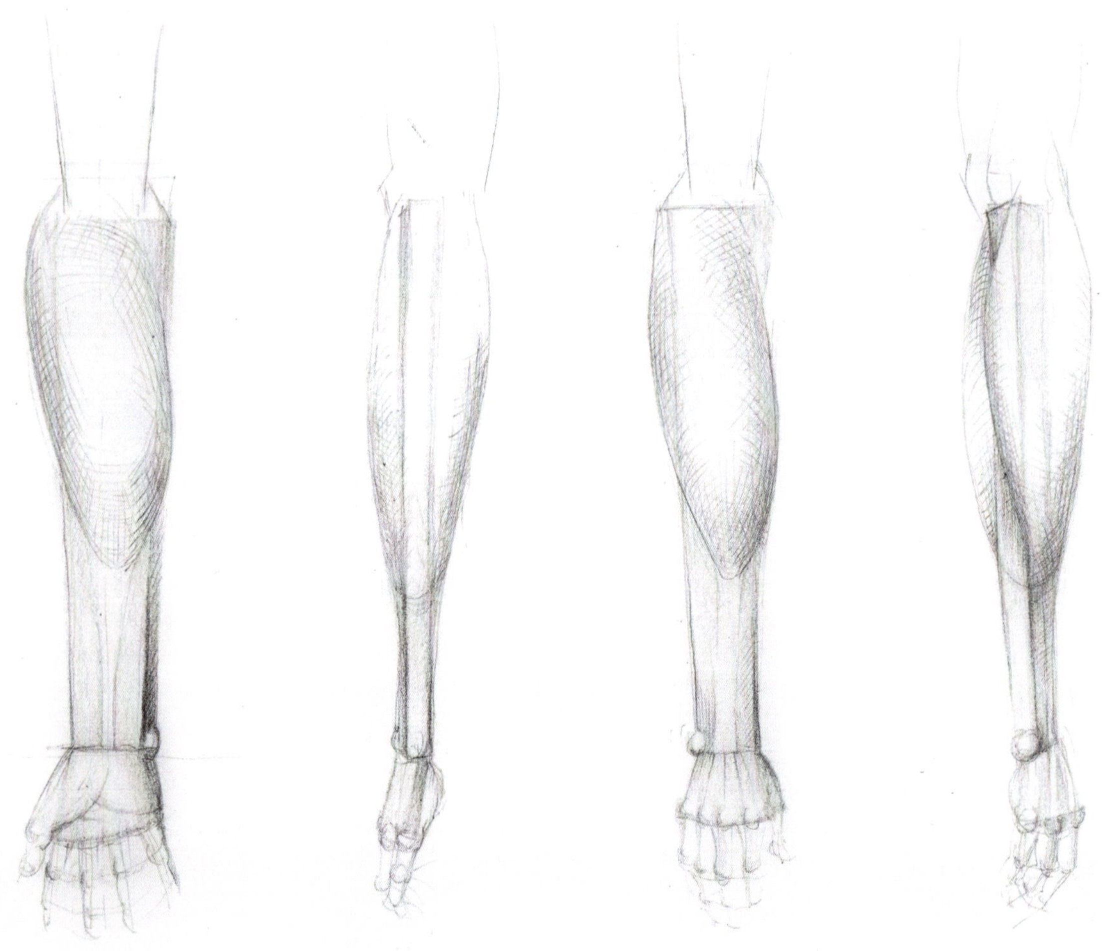

Unterarm und Hand: Vereinfachung/Geometrisierung

Hier sind die gleichen Positionen und Drehungen wie auf S. 24 in der Geometrisierung zu sehen: das „Brett“ (Unterarm) in seiner Drehung, die weiche „Spindel“ der Muskulatur, die sich dem „Brett“ anpasst, und die „Halbkugel“ als markanter Punkt des Handgelenkes.
Daraus ergibt sich die **realistische Darstellung**, in der sich aus dieser grob schematischen Vereinfachung kleine Formen und Details herauskristallisieren. Aus der „Spindel“ entsteht die Architektur einzelner Muskeln und am Handgelenk die scharfen Kanten der Sehnen, eben das, was uns das Zeichnen einer Hand so reizvoll erscheinen lässt. Natürlich gibt es hier je nach Alter, muskulärer Ausprägung, Gewicht usw. individuelle Unterschiede. Dadurch kann das Spiel von Muskulatur und Skelett mehr oder weniger dominant in Erscheinung treten. Die Beobachtung des eigenen Arms, des Spannens der Muskulatur und der Drehung der Hand, macht die Veränderungen des Formverlaufes unmittelbar erfahrbar.

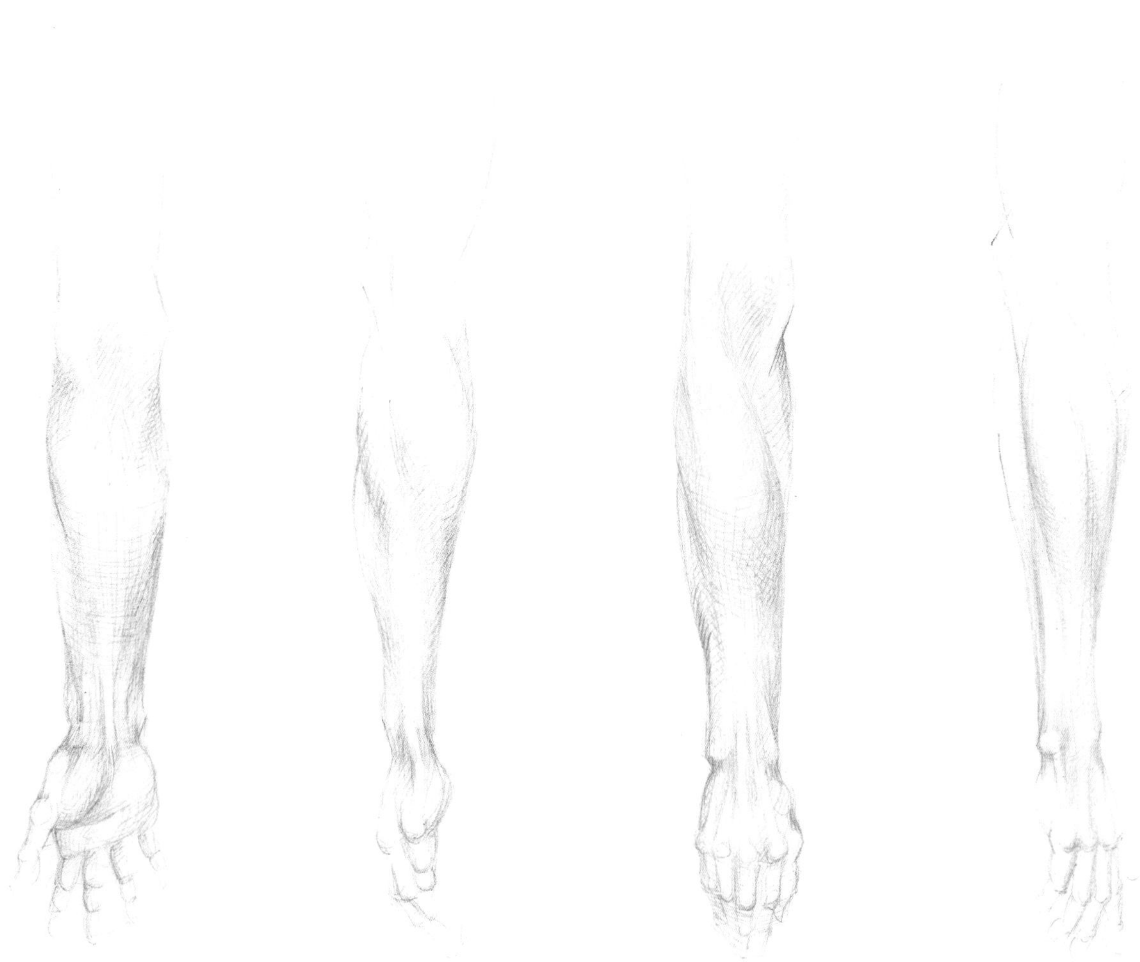

Unterarm und Hand: Realistische Darstellung

Die Vereinfachung in der Perspektive

Wir beginnen wieder mit der schematischen Darstellung. Als Erstes widmen wir uns dem systematischen Aufbau der Hand, dann geht es weiter mit der Erweiterung des Unterarmes. Wir beginnen also mit dem „Brett“ des Unterarmes mit seiner „spindelförmigen“ Muskulatur und gehen weiter über das „Trapez“ des Handrückens, die daran ansetzenden „Halbkugeln“ der einzelnen Gelenkpunkte. Dies alles setzen wir in den Zusammenhang der zu zeichnenden Handhaltung.

Noch komplexer wird das Zusammenspiel von Hand und Unterarm im Zusammenhang mit der Perspektive. Dies gilt besonders, wenn es bei der Ansicht von Unterarm und Hand zu starken räumlichen Verkürzungen kommt, sie also in den Raum gehen oder auf uns zukommen. Hier beginnt der Aufbau parallel zum Gesichtsfeld des Betrachters. Rechts daneben folgen zufällig ausgewählte Beispiele, die links von einer parallelen Sichtweise des Betrachters ausgehen. Nach rechts hin sind verschiedene räumliche Verkürzungen zu sehen. Die realistischen Zeichnungen entstehen aufgrund desselben Prinzips: erst die Perspektive, dann die Vereinfachung (also die Abstraktion), und schließlich unter Berücksichtigung der Anatomie und der grafischen Darstellung der Realismus.

Wenn es dir schwerfällt, dir die Räumlichkeit vorzustellen, kannst du auch **Hilfsmittel zur Anschauung** nehmen, z.B. eine Holzleiste für den Arm und Bleistifte für die Finger. Diese kannst du dann entsprechend deines Blickfelds ausrichten, abkippen, drehen ... und dir so die Positionen spielerisch „vor Augen führen“.

Hand und Unterarm perspektivisch mit räumlicher Verkürzung

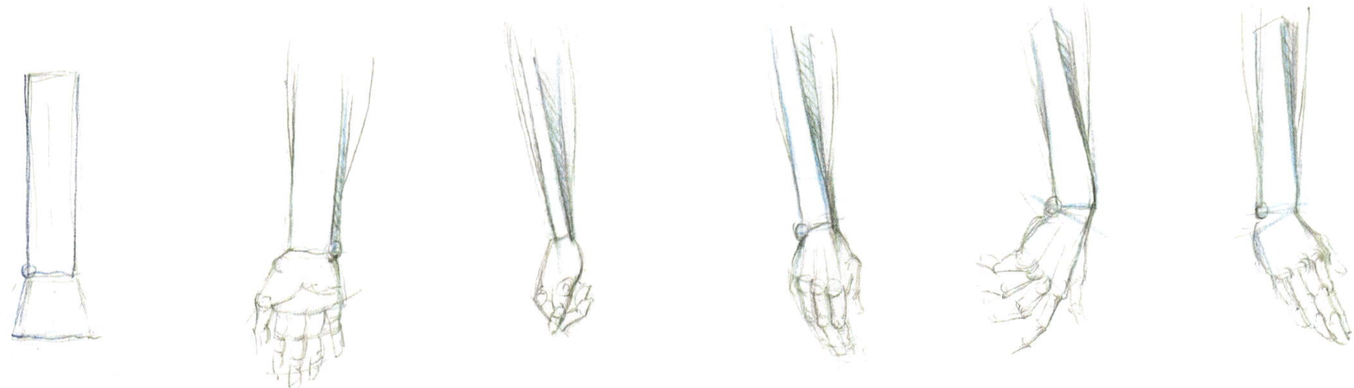

Trapez-Form

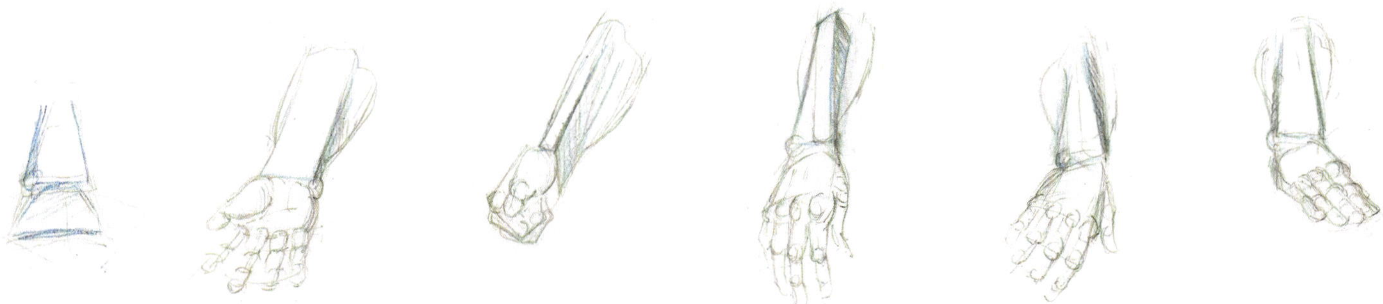

unverkürzte, also dem Gesichtsfeld parallele Darstellung, Ansicht von oben

Hilfsmittel, wie Holzleisten und Bleistifte, sind eine gute Möglichkeit, die Räumlichkeit zu definieren, um diese mit dem zu zeichnenden Modell abgleichen und dann sicherer auf das zweidimensionale Blatt bringen zu können. Durch die optische Unterstützung durch Hilfsmittel können wir auch unsere Vorstellungskraft üben. Unsere Sehgewohnheiten erkennen schnell den Zusammenhang und unser visuelles Gedächtnis wird dabei anschaulich praktisch trainiert.
Die Abbildungen dienen uns als eine Art Schema: Die waagerechten Reihen zeigen Hand und Unterarm jeweils in gleicher Verkürzung (Perspektive), aber immer in verschiedenen Haltungen. Oben sind Hand und Unterarm weitgehend unverkürzt in der Draufsicht zu sehen. Die beiden Reihen darunter zeigen die gleiche Hand- und Unterarmhaltung, aber nach unten gekippt, also mit Untersicht. In der untersten Reihe ist die gleiche Haltung weiter in Richtung unseres Blickfeldes gekippt. Selbst bei leichter perspektivischen Verkürzung (siehe Seite 26 links, untere Reihe) tritt das auf uns gerichtete Detail größer hervor und die in den Hintergrund verlaufenden Bereiche erscheinen kleiner. Hier sind es das Handgelenk und die Hand, die auf uns zu nach vorn kommen, während sich der Arm dementsprechend perspektivisch verjüngt. Dabei folgen wir immer dem gleichen Prinzip der perspektivische Gesetze: Je stärker die Verkürzungen, desto extremer die Größenunterschiede der auf uns zu gerichteten oder von uns abgewandten Details.

Probiere auch hier einmal dieses ganz in Ruhe, gegebenenfalls vor einem Spiegel, am eigenen Körper aus: Wie entsteht Draufsicht und wie Untersicht? Was passiert dabei mit der Perspektive und den Verkürzungen in Hand und Unterarm?

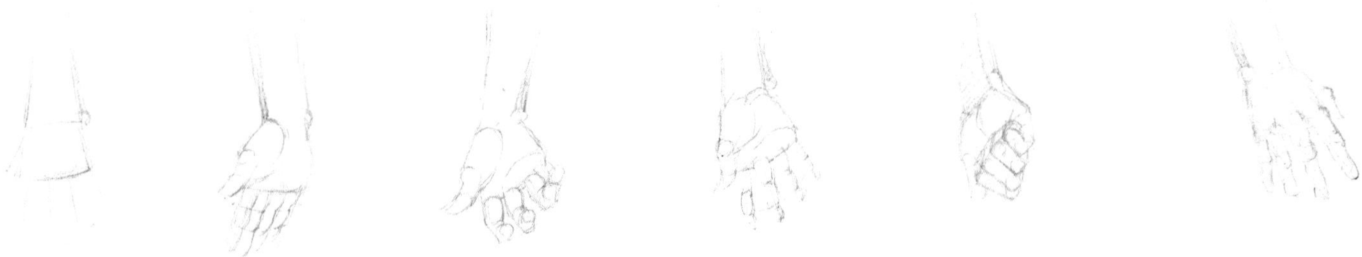

zunehmende Verkürzung, Ansicht von oben

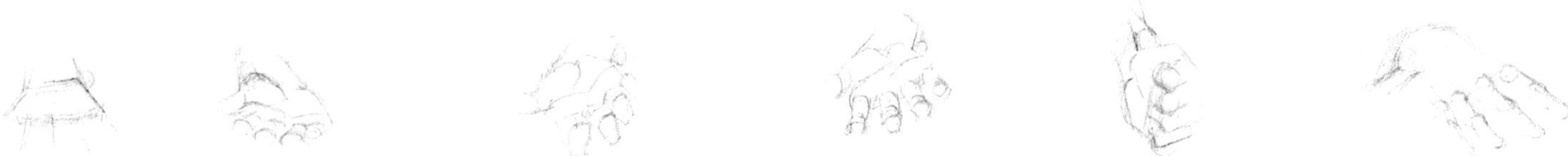

zunehmende Verkürzung, Ansicht von unten

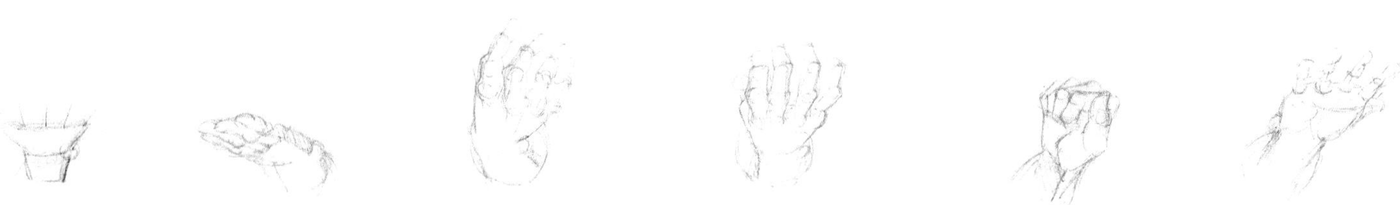

Hand und Unterarm: Draufsicht und Untersicht

Die Hand: schematischer Aufbau

Diese beiden exemplarisch gewählten Beispiele zeigen Handhaltungen, die auf den ersten Blick zeichnerisch schwierig umzusetzen sind.

Ansicht von oben

Von oben betrachtet stellt sich hier die Hand als ein räumlich verkürztes Trapez dar. Die einzelnen Finger sind unterschiedlich gebeugt und überlagern sich gegenseitig. Durch diese Überschneidung wird die Darstellung komplizierter, denn die Ansätze der Finger sind teilweise verdeckt und die Handfläche ist nicht sichtbar.

1 Geometrisierung

Lege zunächst die Perspektive fest. Das „Trapez“ ist leicht von oben in einer Dreiviertelansicht zu sehen, der Daumen nach innen gerichtet. Richte anschließend die einzelnen Finger aus und markiere die Gelenkpunkte durch „Kugeln“. Hier befinden sich die „Gelenk-Kugeln“ unten am Handrücken und sind durch die räumliche Verkürzung etwas verdeckt.

2 Abstraktion

Verbinde nun deine geometrischen Formen mit Umrisslinien und definiere den Sehnenverlauf auf dem Handrücken.

3 Realistische Darstellung

Besonders interessant sind hier die angespannten Sehnen, die vom Handgelenk ausgehend über den Handrücken bis hin zu den einzelnen Fingern verlaufen und die Zeichnung dominieren. Hebe für einen weiteren grafischen Reiz auch die einzelnen Fingergelenke hervor.

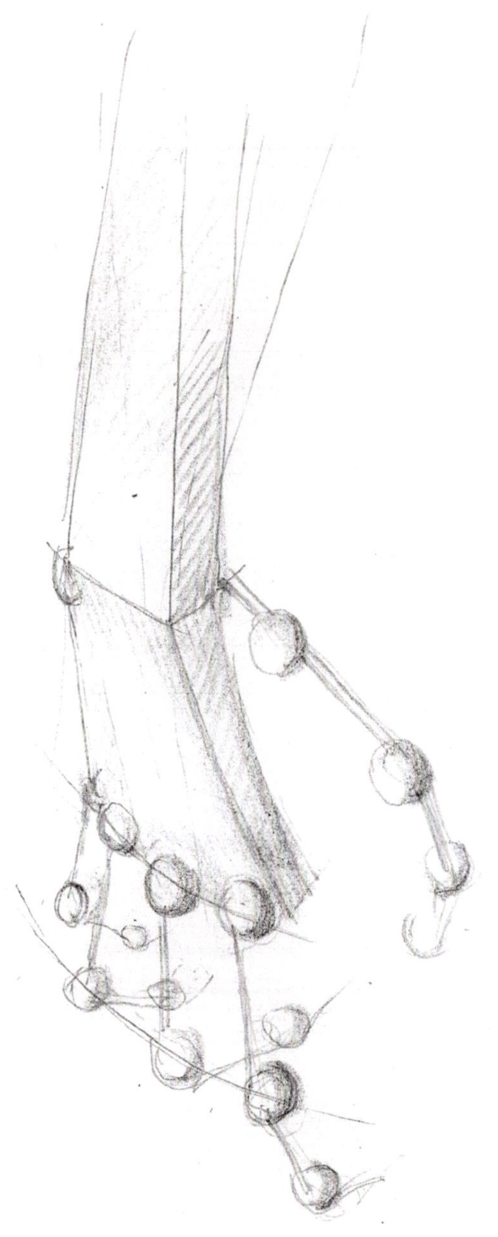

①

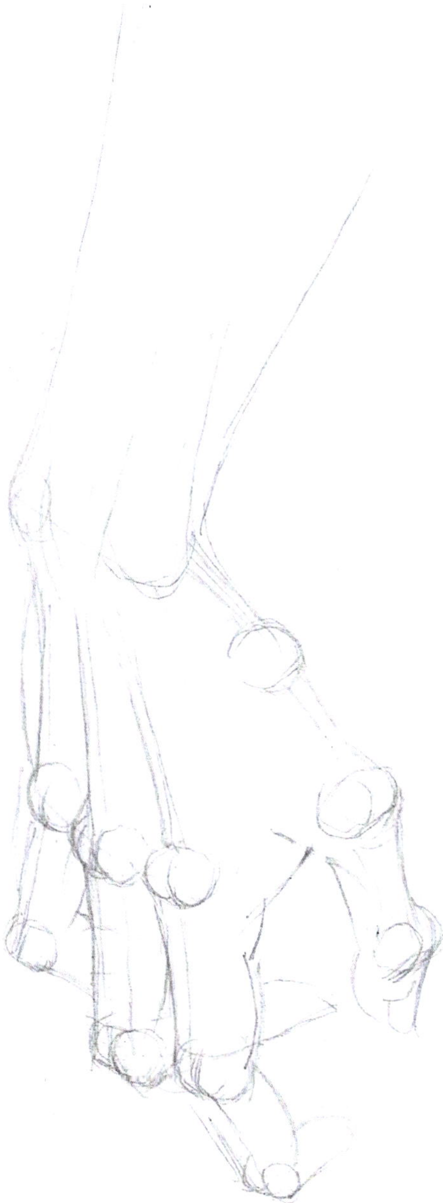

②

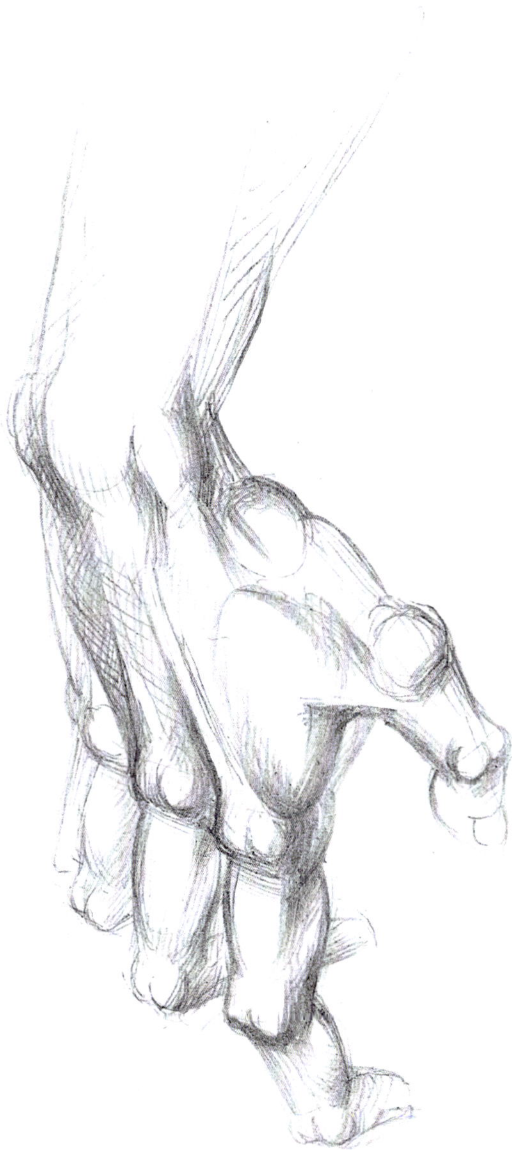

③

Ansicht von unten

Hier wiederum ist der Ansatz der Trapez-Form aus einer anderen Perspektive zu sehen. Nehmen wir uns dabei die geometrische Vorstellungskraft zu Hilfe, erklären sich aus dieser Perspektive auch die sich daraus ergebenden Überlagerungen bzw. Überschneidungen der Finger bzw. der Handfläche.
Bei einer solch schwierigen Handhaltung ist es hilfreich, zunächst die räumliche Situation der einzelnen Elemente zu klären. Anschließend kommen wir anhand des auf den vorhergehenden Seiten gezeigten anatomischen Aufbaus zu einem realistischen Abbild. Denn erst die verstandene Funktion bringt uns auch zur darzustellenden Form.

1 Geometrisierung

Lege auch hier wieder zu Anfang die Perspektive fest. Hier ist das Trapez von oben zu sehen. Es verkürzt sich leicht zum Handgelenk hin und die Kugeln der Gelenke liegen oben auf. Vergegenwärtige dir anschließend die Richtung der einzelnen Finger und zeichne sie ein. An jedem Richtungswechsel befindet sich ein Gelenk, das du mit einer Kugel markierst.

2 Abstraktion

Wenn die perspektivische Ausrichtung steht, kannst du die geometrische Formen mit Umrisslinien verbinden und so das Volumen der Hand erfassen.

3 Realistische Darstellung

Eine überzeugende Zeichnung einer Hand lebt auch von der Darstellung der Hautfalten, die durch das Beugen der Gelenke entstehen. Hierfür ist ein genaues Naturstudium erforderlich. Schaue dir also deine Hand in der entsprechenden Haltung genau an und beobachte, wo sich Falten bilden. Hebe diese in deiner Zeichnung durch das passende Setzen von Licht und Schatten hervor.

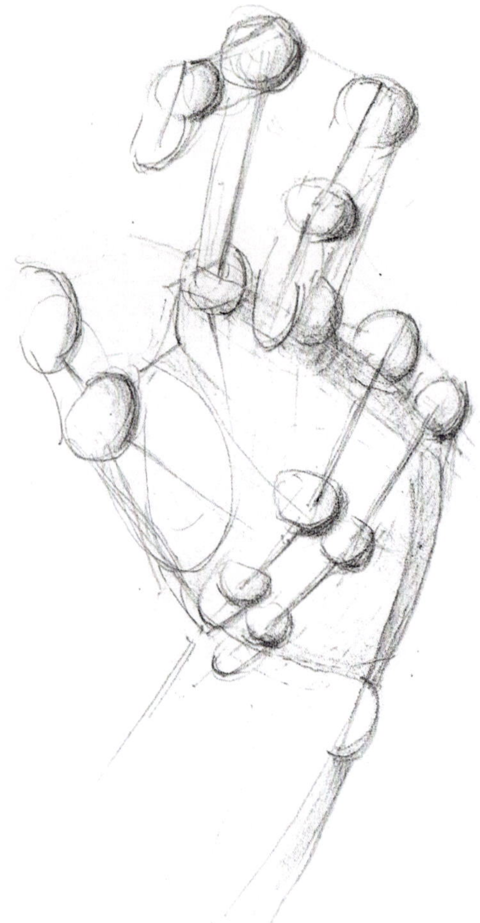

①

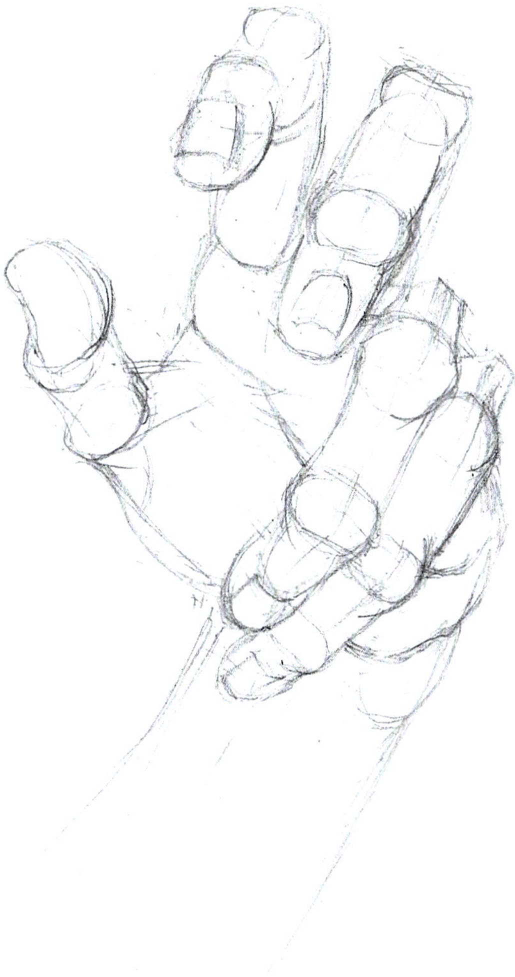

②

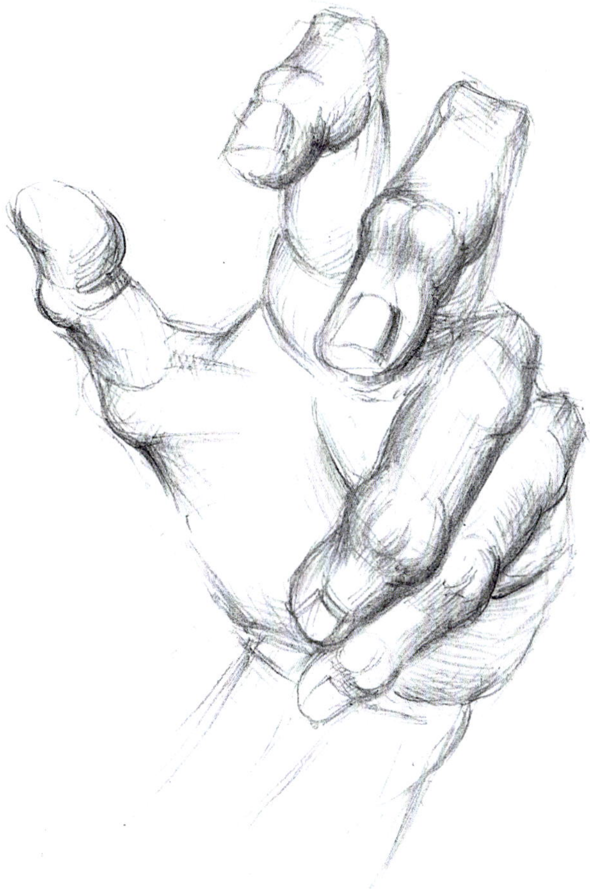

③

Hand und Unterarm: schematischer Aufbau

Den Schrittfolgen der Hand entsprechend kommt hier nun der Ansatz des Unterarmes hinzu. Den Unterarm sehen wir vereinfacht als Brett. Am äußeren Handgelenk befindet sich die markante Halbkugel, daran schließt sich das sich zum kleinen Finger hin verjüngende Trapez an. An jedem „Knick" der Finger befindet sich ein Gelenk, also eine Kugel. Die erste Überlegung der Schrittfolgen gilt der Perspektive: Wie und in welcher räumlichen Verkürzung siehst du die einzelnen Elemente?
Im zweiten Schritt studierst du die Sehnenverläufe und bringst die einzelnen Teile in ihren Zusammenhang. Die Muskulatur bestimmt, wo es sich staucht und wo es sich streckt. Im dritten Schritt nutzt du nun dein zeichnerisches Gerüst, deinen Bauplan, für eine realistische Darstellung. Du kannst auch durch Schattierungen mit dem Kontrast spielen und realistische Ausschmückungen wie Adern oder Falten hinzufügen.

1 Geometrisierung

Zu Beginn wird die Perspektive festgelegt. Hier siehst du die Hand wieder in der Dreiviertelansicht, der Daumen ist dir zugewandt und spreizt sich vom Handrücken ab. Zeichne die Trapez-Form und setze die Kugeln für die Gelenke an den Handrücken. Überlege dann, in welche Richtung die einzelnen Finger verlaufen. Dabei fällt auf, dass der kleine Finger sich abspreizt.

2 Abstraktion

Erfasse nun das Volumen der Hand, indem du die Elemente der geometrischen Zeichnung durch Umrisslinien verbindest. Jetzt kannst du auch schon die Sehnenverläufe definieren.

3 Realistische Darstellung

Zum Schluss erhält die Hand durch zarte Schraffuren ihre abschließende Definition. Arbeite dabei durch das stimmige Setzen von Licht und Schatten die Gelenke und Sehnenverläufe heraus.

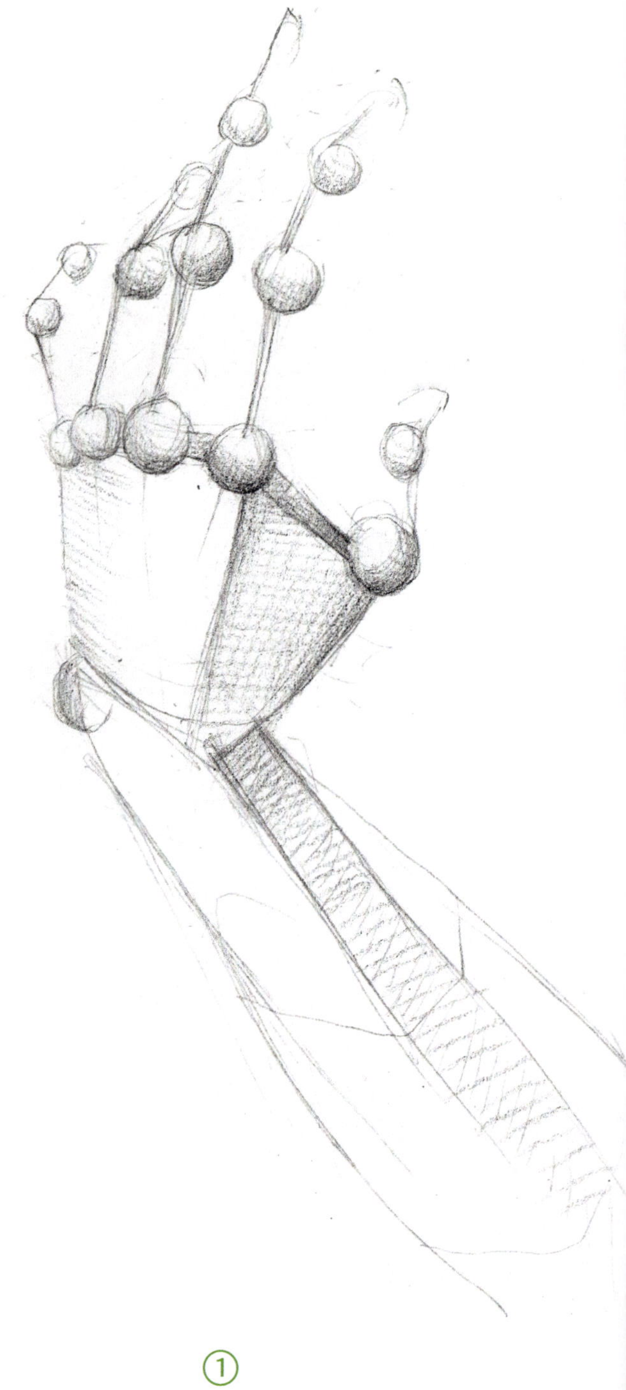

①

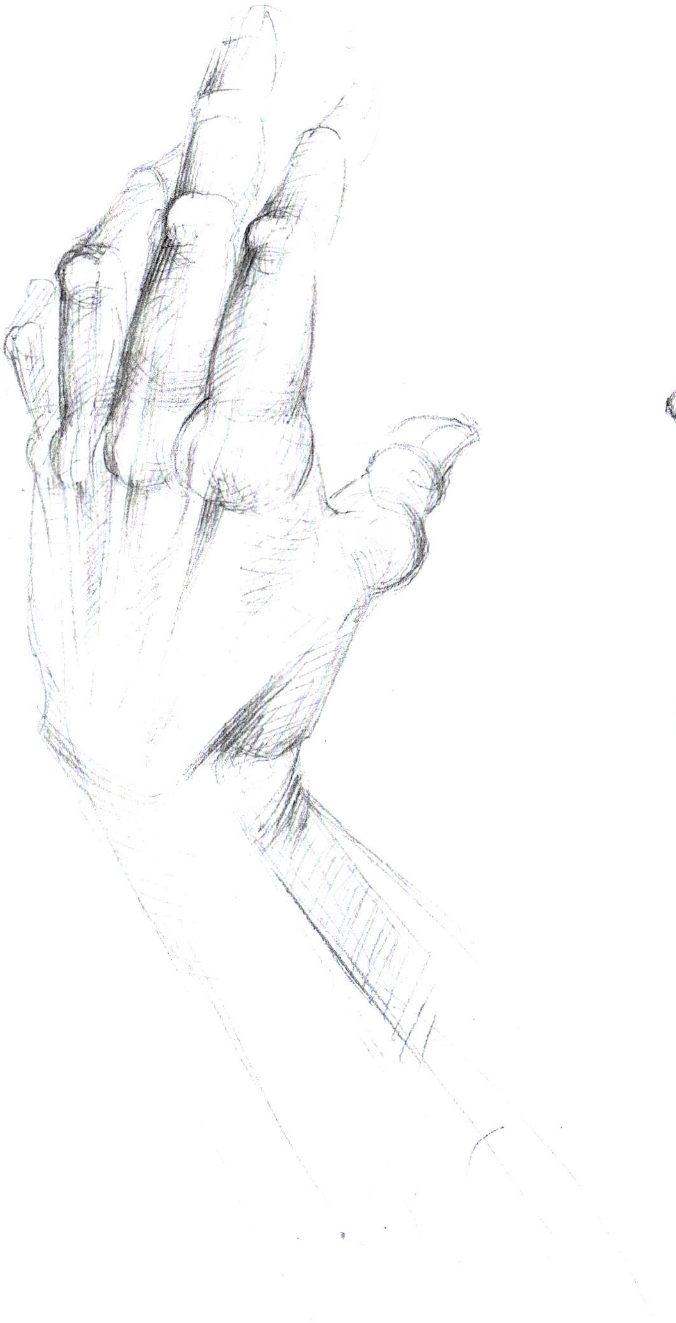

②

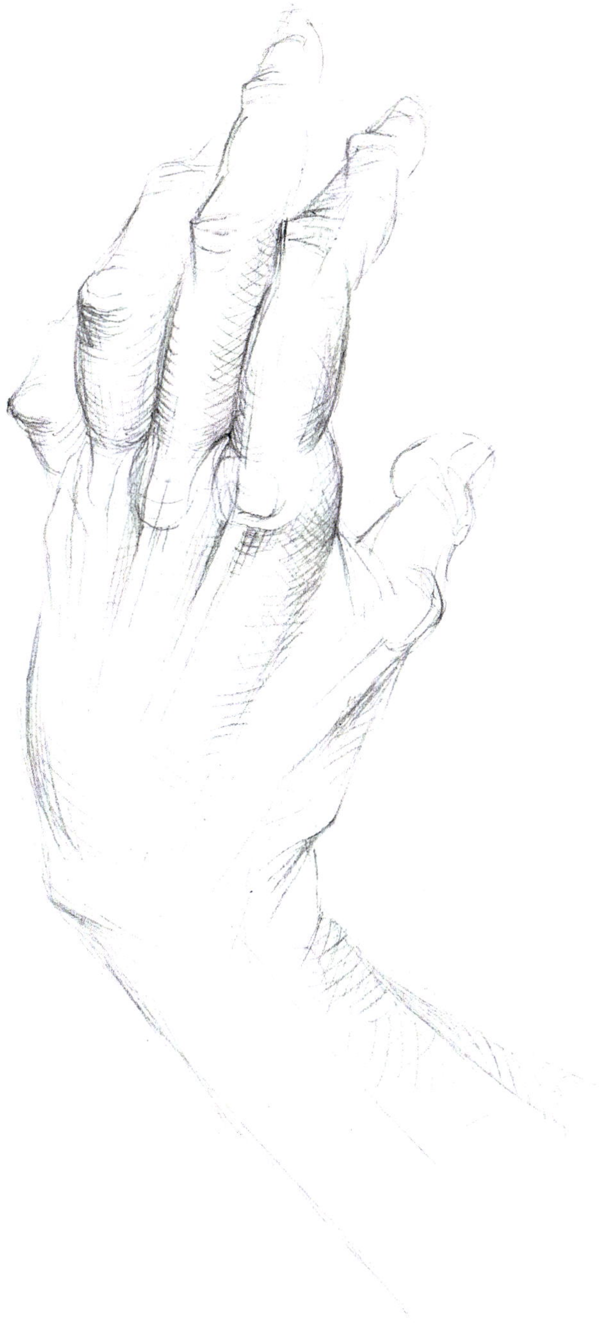

③

Hand mit Schreibfeder: schematischer Aufbau

Hier ist eine Hand, beginnend mit Skelett-Realismus in vier Schrittfolgen, abgebildet. Das Skelett bestimmt die späterer äußerer Architektur der Hand. Der Handrücken ist perspektivisch auf uns gerichtet, also verkürzt. Die Finger halten einen Stift, der Daumen umgreift diesen und ist weiter hinten seitlich sichtbar.

Das ist wichtig:

- Studiere die Bewegung bzw. die Haltung genau. Wie hält der Daumen die Schreibfeder?
- Beobachte an der eigenen Hand, wie dabei die Fingerknöchel hervortreten.
- Wie winkeln sich die einzelnen Finger ab, welches Fingerglied kommt perspektivisch nach vorn, welches tritt zurück?

1 Skelett mit Sehnenverlauf

Zeichne zunächst die einzelnen Handknochen mit den einzelnen Fingergelenken. Bei allen Gelenken handelt es sich um Scharniergelenke. Der Daumen, als einziger mit einem Kugelgelenk, ist hier nicht zu sehen, denn er wird in dieser Ansicht von den Fingern verdeckt.

Die harten Kanten dieser Fingerknöchel sind kaum von weichem Gewebe oder gar Muskelmasse umgeben. Über jedes einzelne Gelenk verlaufen ausschließlich die Sehnen der Fingerstrecker.

2 Perspektive

Kläre nun die auf dich ausgerichtete Perspektive der Handfläche, dann die Richtung der einzelnen Finger. Frage dich: Wie liegen die einzelnen Fingerglieder in der Perspektive? Welche von ihnen bewegen sich auf deinen Standpunkt zu und welche weg? Wie spreizt sich der kleine Finger ab und wie umgreift der teilweise verdeckte Daumen den Stift?

3 Geometrisierung

Intensiviere nun deine Beobachtung der vereinfachten Räumlichkeit. Die Wölbung des Handrückens tritt in dieser Pose besonders deutlich zum Vorschein.
Die unterschiedliche perspektivische Ausrichtung der einzelnen Finger wird durch deren Räumlichkeit noch verstärkt. Stelle dir dazu die Fragen: Ab welchem Gelenk kommt der Finger auf mich zu? Wann tritt er zurück?

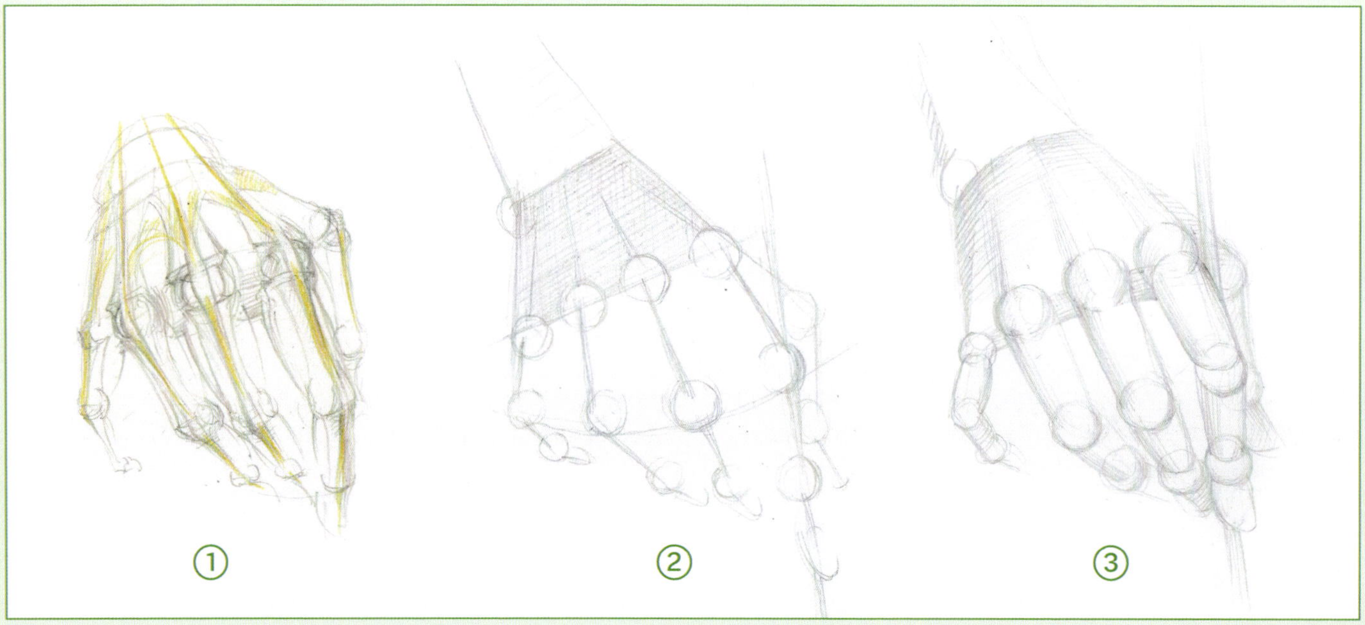

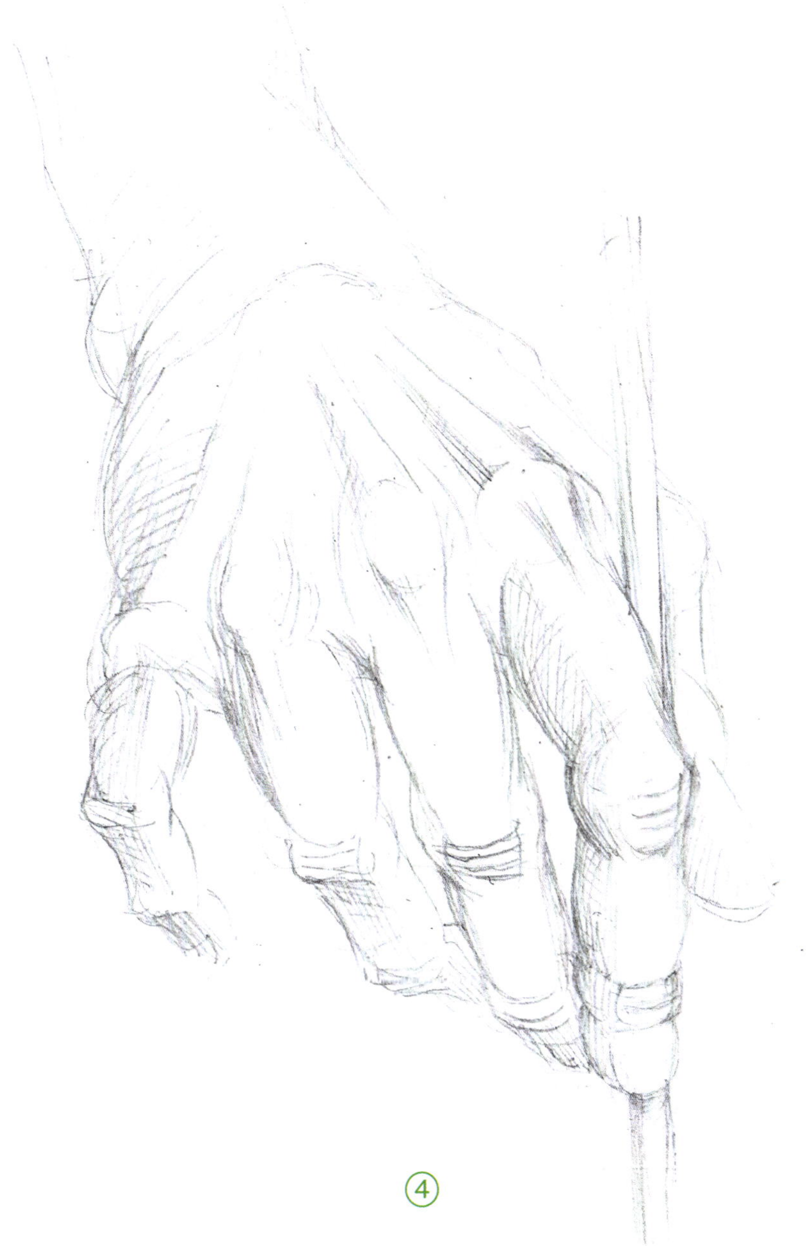

④

4 Realistische Darstellung

Nun kommen wir zum Resultat der vorhergegangener Studien. Grafisch interessant sind die strahlenförmig zum Handgelenk hin perspektivisch stark verkürzten Sehnenstrecker. Sie geben der Zeichnung Tiefe und unterstreichen den Charakter dieser Hand. Die Faltenbildung an den Gelenken umschreibt den Querschnitt der Gelenke wie der Finger.

Diese Handhaltung des Schreibens begegnet uns oft im Alltag. In der oft sehr unterschiedlichen Handhaltung werden individuelle Unterschiede deutlich. So hält ein geübter Erwachsener den Stift anders als beispielsweise ein Kind oder ein gebrechlicher alter Mensch.
Achte einmal auf diese Unterschiede. Du wirst überrascht sein, wie viele es gibt!

Kinderhand und Erwachsenenhand im Vergleich

Die Zeichnungen, in denen wir uns bisher mit der Hand beschäftigt haben, zeigten die Hand eines Erwachsenen. Eine Kinderhand ist in ihren Proportionen kürzer und breiter als die eines ausgewachsenen Menschen.
Ein kleines Kind ist mit noch wenig Muskulatur ausgestattet, denn diese muss sich erst noch entwickeln. Dafür ist sie mit reichlich Fettgewebe regelrecht ausgepolstert. Das macht sie in ihrer Erscheinung rundlicher und gedrungener. Das Skelett ist darin so weich verpackt, dass sich das Skelett einer Kinderhand im äußeren Erscheinungsbild kaum durch markante Knöchel abzeichnet. Hier sind die Gelenke der Finger keine markanten Punkte, sondern eher weiche, nach innen gewölbte Grübchen. Auch am Handgelenk und auf dem Handrücken finden sich keine harten Kanten oder Formverläufe, auch da wird alles durch weiche Riefen und Wülste ummantelt. Bei einer Stauchung ballen sich diese Riefen noch mehr zusammen, bei einer Streckung dehnen sie sich.
So ist die Hand eines Kindes immer in einer weichen, runden, ja barocken Formensprache zu zeichnen. Alles wölbt sich nach außen, harte Linien oder Kanten bleiben der Hand eines Erwachsenen vorbehalten.

In der **Kunstgeschichte** finden sich in alten Altarbildern unzählige wunderschöne Mariendarstellungen mit dem Christuskind. Außerdem waren die Kirchen des Barock oft mit einer großen Zahl an Puttendarstellungen, sogenannten Posaunenengeln, ausgestattet. Es lohnt sich, ihnen unter diesem Aspekt wieder ein besonderes Augenmerk zu widmen.

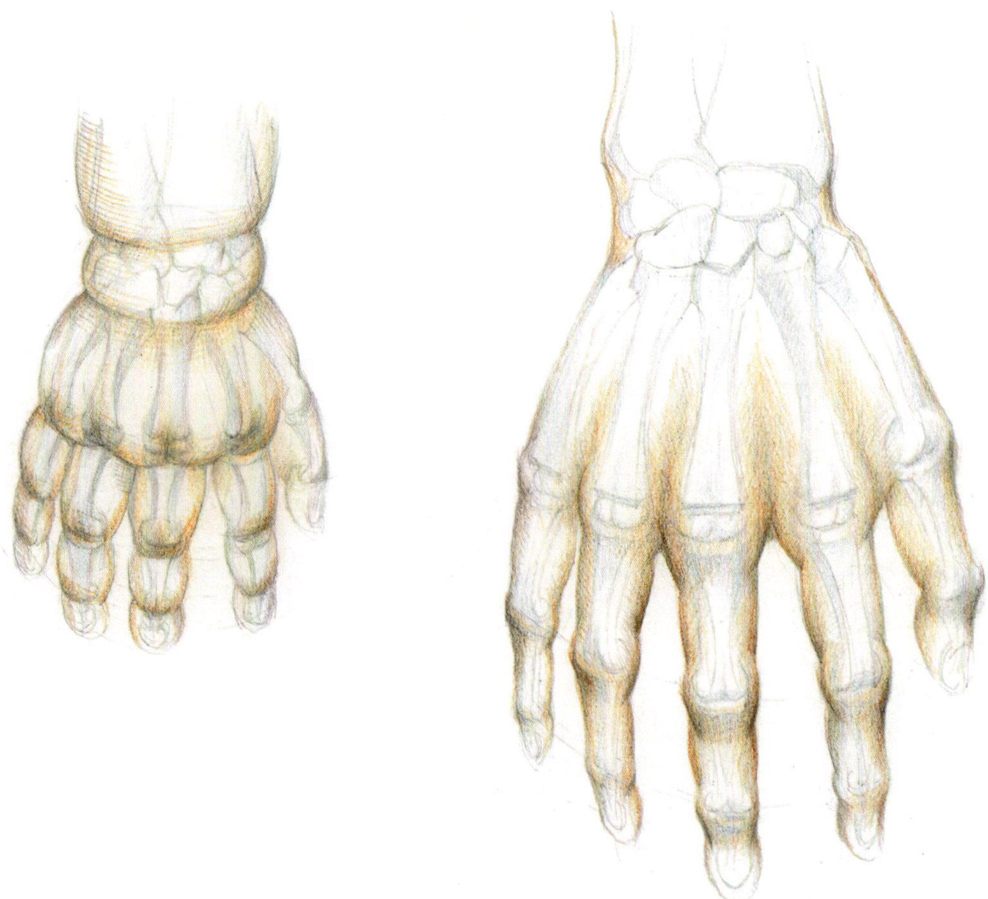

Eine Kinderhand und eine Erwachsenenhand, anatomische Ansicht

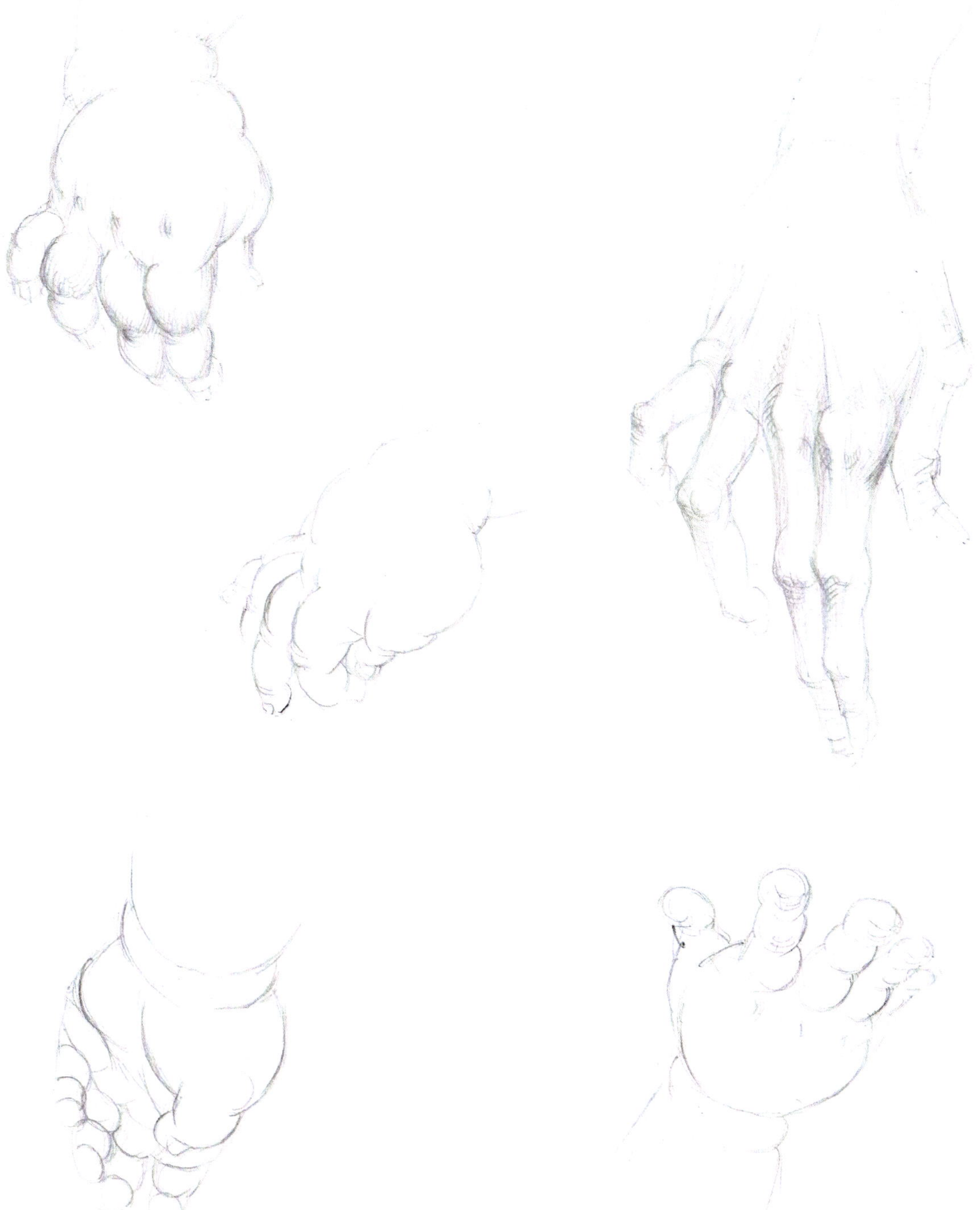

Eine Kinderhand im Vergleich zur Hand eines Erwachsenen

Der Fuß

Der Fuß ist, vereinfacht gesagt, unser „Fortbewegungsmittel" sowie beim Stehen und in der Fortbewegung der Träger unseres gesamten Körpergewichtes. Darüber hinaus unterliegt er beim Tragen von Lasten zusätzlich zum eigenen Körpergewichtes noch weiteren Belastungen. Auch beim Herunterspringen von Höhen oder beim Abspringen zur Überwindung von Distanzen wird er noch weitaus mehr beansprucht als beim normalen Stehen oder Gehen. Das Fußgewölbe, das durch die flexibel durch Bänder gehaltenen Fußmittelknochen entsteht, erhält durch diese Elastizität die Fähigkeit des Abfederns. Das Fußgewölbe ist also kein starres, sondern ein in sich flexibel gehaltenes Gebilde, das ohne Probleme Erschütterungen und Stöße abfedern kann. Dies ist z.B. für das Springen sehr wichtig.

Die einzelnen Zehen unterstützen durch ihr Abrollen das Laufen und zusätzlich helfen sie – auch beim Stehen, also im Ruhezustand – beim Halten der Balance.

Die Anatomie des Fußes

Der Fuß besteht wie die Hand aus einer Vielzahl einzelner, durch Bänder gehaltener und miteinander flexibel miteinander verbundener Knochen.

Den gesamten Fuß können wir in **drei Segmente** bzw. Abschnitte einteilen:

- Fußwurzel (vom Fersenbein bis zum Kahnbein)
- Mittelfuß (vom Fußwurzelknochen bis zur Zehenreihe)
- Zehenreihe (einzelne Zehenglieder)

An der oberen Fläche des Sprungbeines setzen der Unterschenkelknochen (Schienbein) und das Wadenbein an und bilden mit diesem das Knöchelgelenk. An der Unterseite des Fußes spannt sich das Fußgewölbe. Auf der hinteren Seite befindet sich das Fersenbein mit dem sich nach vorn anschließenden Mittelfußknochen, an den sich die Zehenreihe anschließt.

Das **Gewicht** des gesamten Körpers ruht auf den Füßen. Die Last wird hauptsächlich von der Ferse, von den aufliegenden Mittelfußknochen sowie der Unterseite des Außenfußes getragen. Über diese Auflageflächen spannt sich das Fußgewölbe, in seiner Statik ähnlich einer Brücke. Denken wir an einen Fußabdruck im Sand: Hier werden genau die Bereiche des Fußes sichtbar, die sich auf Grund der Last am deutlichsten in die Tiefe des weichen Sandes gedrückt haben. Der gewölbte Teil hinterlässt dabei keine Spur, denn schwebt er darüber.

Ähnlich dem Daumen bildet auch hier der **große Zeh** eine Ausnahme, denn er besteht als einziger Zeh aus nur zwei einzelnen Knochengliedern, während sich alle anderen aus dreien zusammensetzen. Außerdem ist der große Zeh – wie der Daumen – mit einer kräftigeren Struktur ausgestattet als die anderen, durchaus feingliedrigen und zarteren Zehenglieder. Schließlich überträgt der große Zeh auch die größte Kraft beim Laufen, Springen und Abdrücken des eigenen Körpergewichtes. Die kleinen, sich fächerartig ausbreitenden Zehen helfen durch ihre insgesamt große Auflagefläche beim Ausbalancieren und natürlich auch beim Abrollen des Fußes.

Das **Knöchelgelenk** besteht aus dem kräftigen Unterschenkelknochen, an dessen Außenseite das Wadenbein anliegt. Der äußere Knöchel liegt tiefer als der an der Innenseite. Das erklärt die schräge Achse des Knöchelgelenkes. Diese sollte beim Zeichnen des Fußes beachtet werden, denn gerade diese – im ersten Moment vielleicht gar nicht so auffällige – Asymmetrie des Knöchels bringt dem Fuß die charakteristische Spannung.

Die **Zehenstrecker** werden am Knöchelgelenk vom Kreuzband gehalten und verlaufen am oberen Fuß strahlenförmig bis in jede einzelne Zehe. Sie ermöglichen das Anheben der Zehen und das Hochkippen des Fußes. Der Zehenstrecker des großen Zehs ist entsprechend der dominanteste.

An der Gegenseite des Fußes übernimmt die am Fersenbein ansetzende **Achillessehne** die Kraftübertragung beim Laufen. Kontrahiert die Wadenmuskulatur, zieht die Achillessehne das Fersenbein nach oben und der Vorderfuß wird zeitgleich nach unten gedrückt. Die Achillessehne entspringt der kräftigen Wadenmuskulatur, während sich im vorderen Bereich am Schienbein wenig oder

kaum Muskelmasse befindet. Beim Laufen erfolgt die Kraftübertragung zur Fortbewegung über das große Muskelpaket der Wade mit der starken Achillessehne über das Fersenbein, während im vorderen Bereich des Schienbeins das Ankippen nur wenig Kraft benötigt.
Studiere deinen Bewegungsapparat, indem du dich auf die Zehenspitzen stellst. Sobald sich die Fersen heben, bemerkst du die Kontraktion der Waden. Hebst du die Fußspitzen, spürst du die Anspannung der Zehenstrecker vom Schienbein bis in die Zehenspitzen. Eindeutig mehr Kraft liegt da, wo auch mehr Muskelmasse ist: in der Wade und der Achillessehne, also im hinteren Bereich der Beines und Fußes, dort, wo wir zum Laufen die meiste Kraft brauchen.

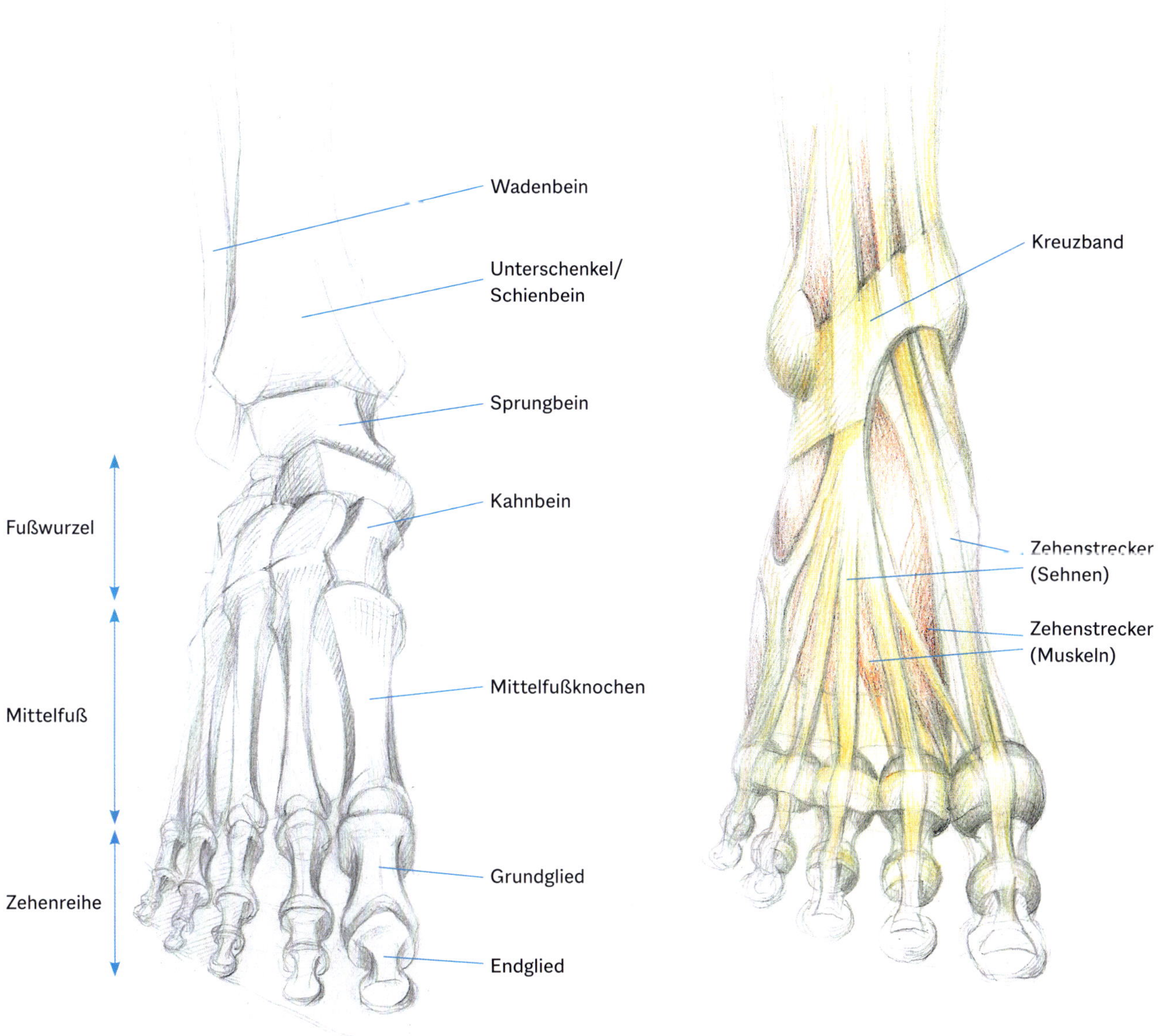

Fuß: frontale Ansicht

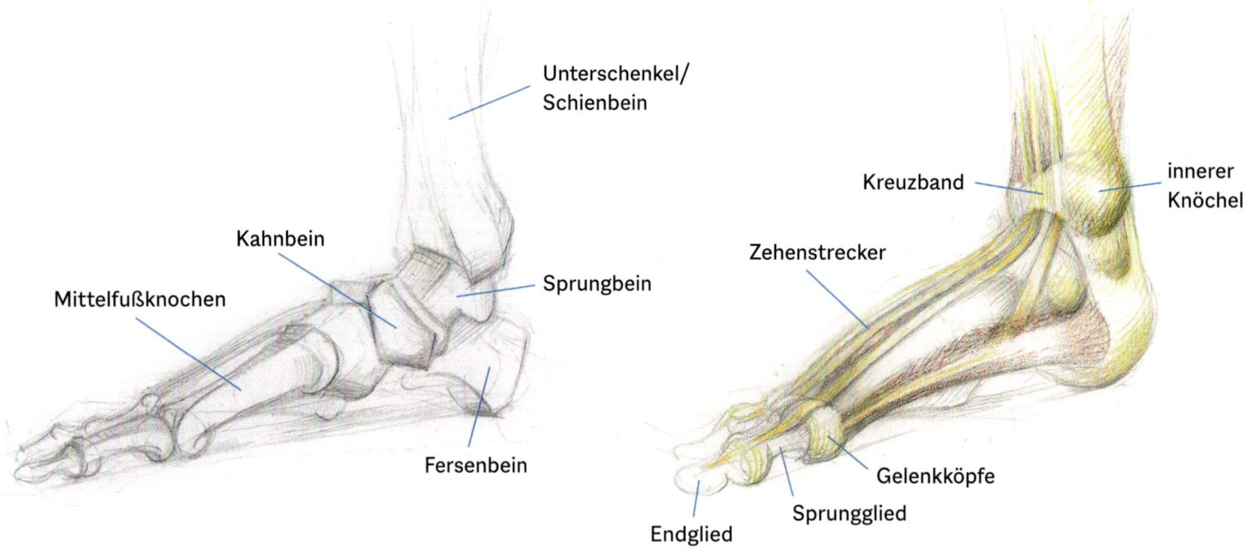

Fuß: Innenseite

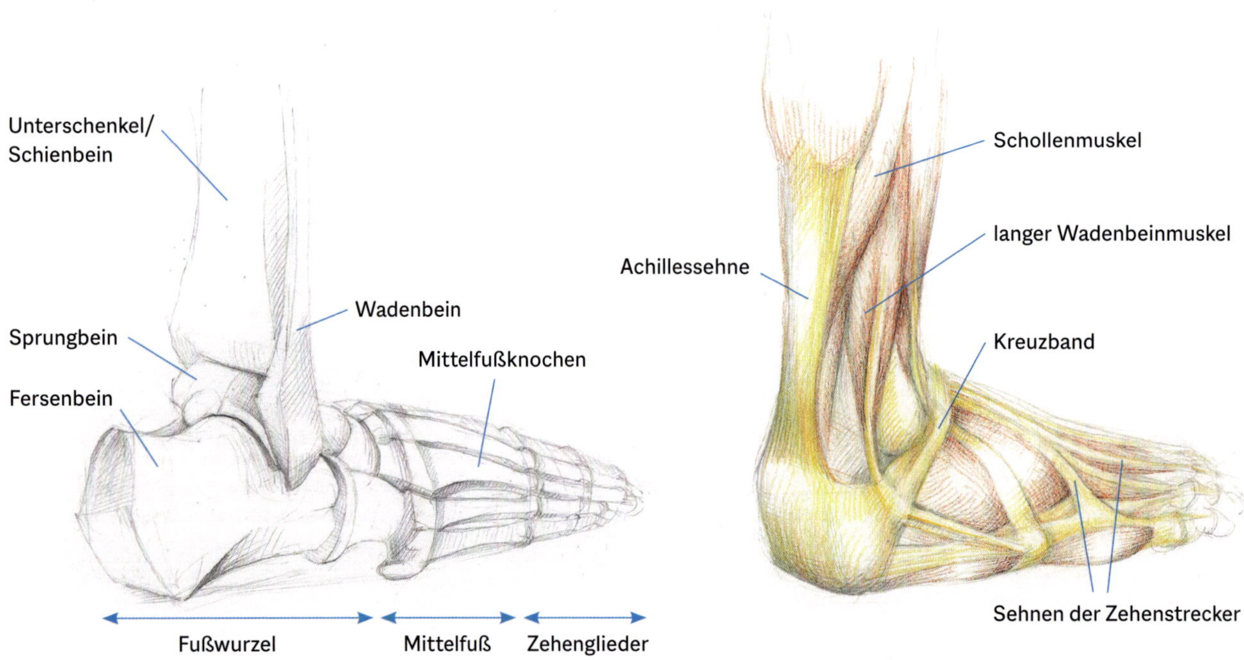

Fuß: Außenseite

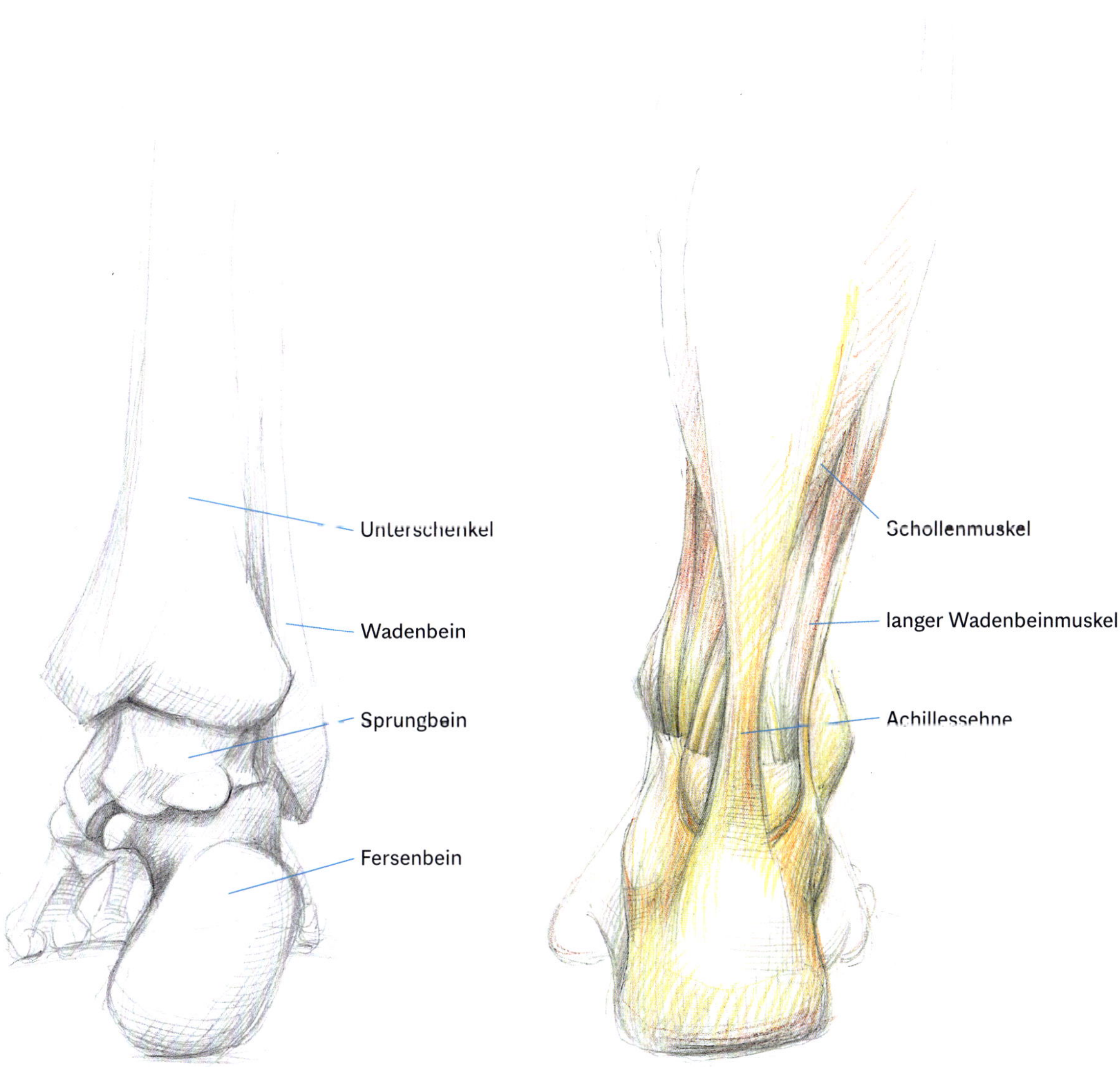

Fuß: hintere Ansicht mit Ferse

Zum Verstehen des Fußes bedarf es Grundkenntnisse des Skelettes und der daran ansetzenden Sehnen. Diese drei Abbildungen zeigen verschiedene Positionen. Muskulatur oder gar Fettgewebe finden sich am Fuß kaum, also wird die äußere Architektur wesentlich von Skelett und dem Sehnenverlauf definiert.

Betrachte deinen eigenen Fuß. Umfasse und taste ihn ab. Die Knöchel, der Mittelfuß und auch die Gelenke sind knochig und hart, denn sie sind fast nur mit Haut bedeckt. Die Ferse und der untere Fußballen dagegen sind weicher gepolstert.

Vereinfachung und Geometrisierung der Darstellung

In der Vereinfachung fassen wir in unserer Vorstellung einzelne Elemente zu größeren Formen zusammen. So abstrahieren wir die Grundfläche des Fußes als ein sich zur Ferse hin verjüngendes Trapez. Die breite Seite der Trapez-Form schließt halbrund ab. Hier schließt sich die Zehenreihe an. Damit verläuft die größte Länge der Trapez-Form vom großen Zeh zur Ferse, die kürzeste reicht vom kleinen Zeh zur Ferse. Wenn du deine eigenen Füße in Strümpfen betrachtest, erhältst du bereits eine erste Abstraktion. Das begünstigt den Blick auf das Wesen der Vereinfachung, da sich so der Fuß in seiner Geschlossenheit zeigt.

Schauen wir auf die untere Seite des Fußes, also die Fußsohle, wird uns die Vorstellung einer dreieckigen Trapez-Form als „Grundriss“ sofort plausibel. Hier wird auch der halbrunde, sich zur kleinen Zehe hin verkürzende Formverlauf der Zehenreihe deutlich. Wir sehen, wie weit vorn der große und wie weit hinten der kleine Zeh an unserem Fuße sitzt. Das sollten wir uns unbedingt merken, denn würde in einer Zeichnung der Abschluss der Zehe gerade

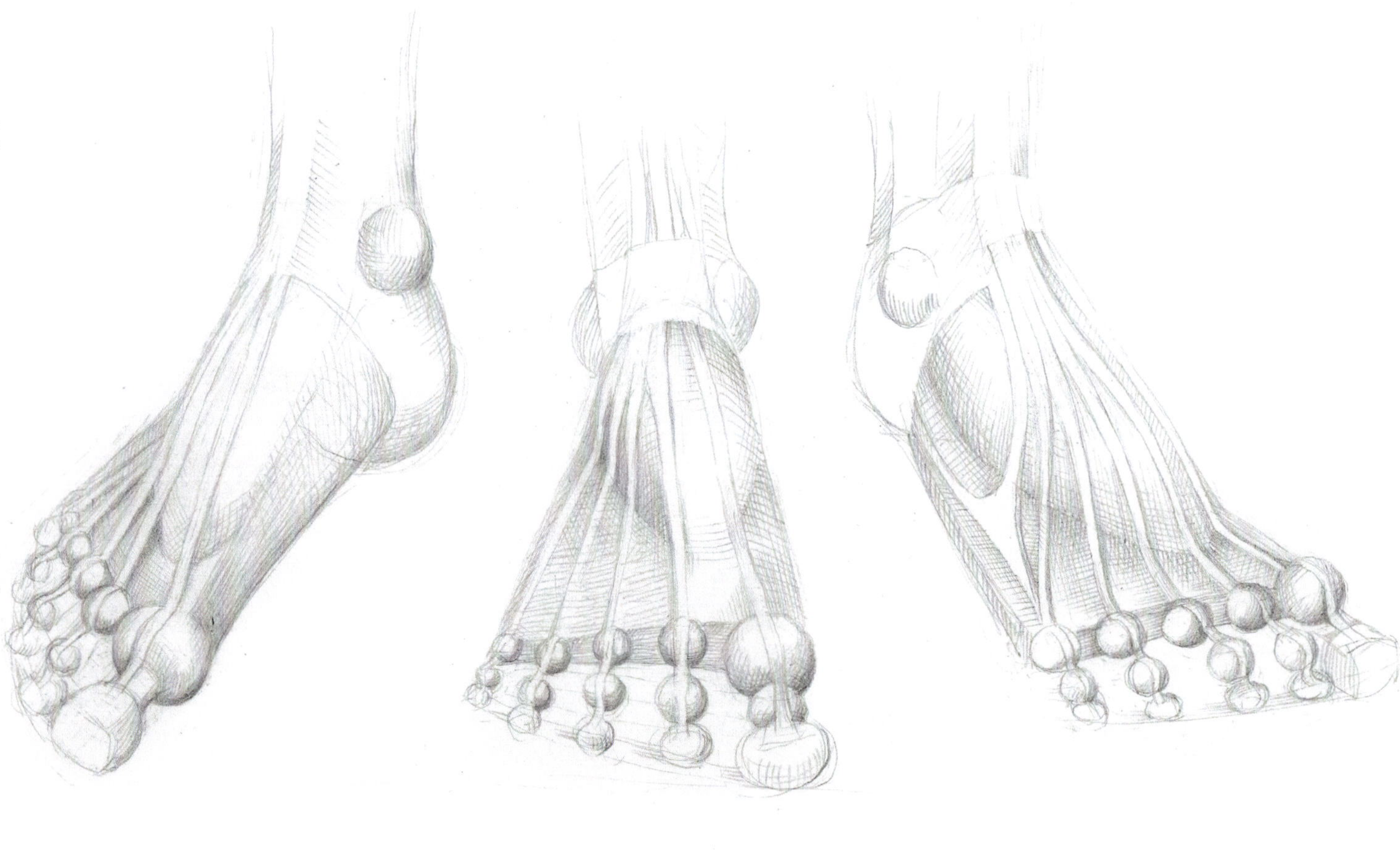

Geometrisierung/Vereinfachung

gehalten (und nicht halbrund), entstünde eher der Eindruck einer Flosse als eines Fußes!
Auf Oberseite wölbt sich der Fußriss. Vom Fußgelenk, das vom Kreuzband gehalten wird, verlaufen die Sehnen wie hart gespannte Saiten zu den einzelnen Zehen. Hier ist wiederum der Sehnenverlauf der großen Zehe charakteristisch, denn er markiert die größte Höhe in der Architektur des Fußes. Ausgehend von dieser Höhe der Kante definiert sich die äußere Architektur des Fußrisses.
Zur äußeren Fußkante ist der Formverlauf eher weich und gleitend, zum inneren Fußbereich hin dagegen steil und abrupt.

In der **Vereinfachung** abstrahieren wir wieder die Gelenke als Kugeln, wobei das Gelenk des großen Zehs, also der Zehenballen, auch das dominanteste Gelenk ist. Die sich daran anschließenden kleineren Zehngelenke werden ebenfalls als kleinere Kugeln dargestellt. Der Fuß erscheint als sich wölbendes Trapez - vorn breiter und halbrund, hinten an der Ferse spitz zulaufend. Der Knöchel wird ebenfalls als Kugel dargestellt, wobei aber auf die Schrägachse des Knöchelgelenkes zu achten ist. Die Ferse hinten wird zu einer weich geformten, tropfenförmigen Halbkugel vereinfacht, die daran ansetzende Achillessehne als eine harte Kante.

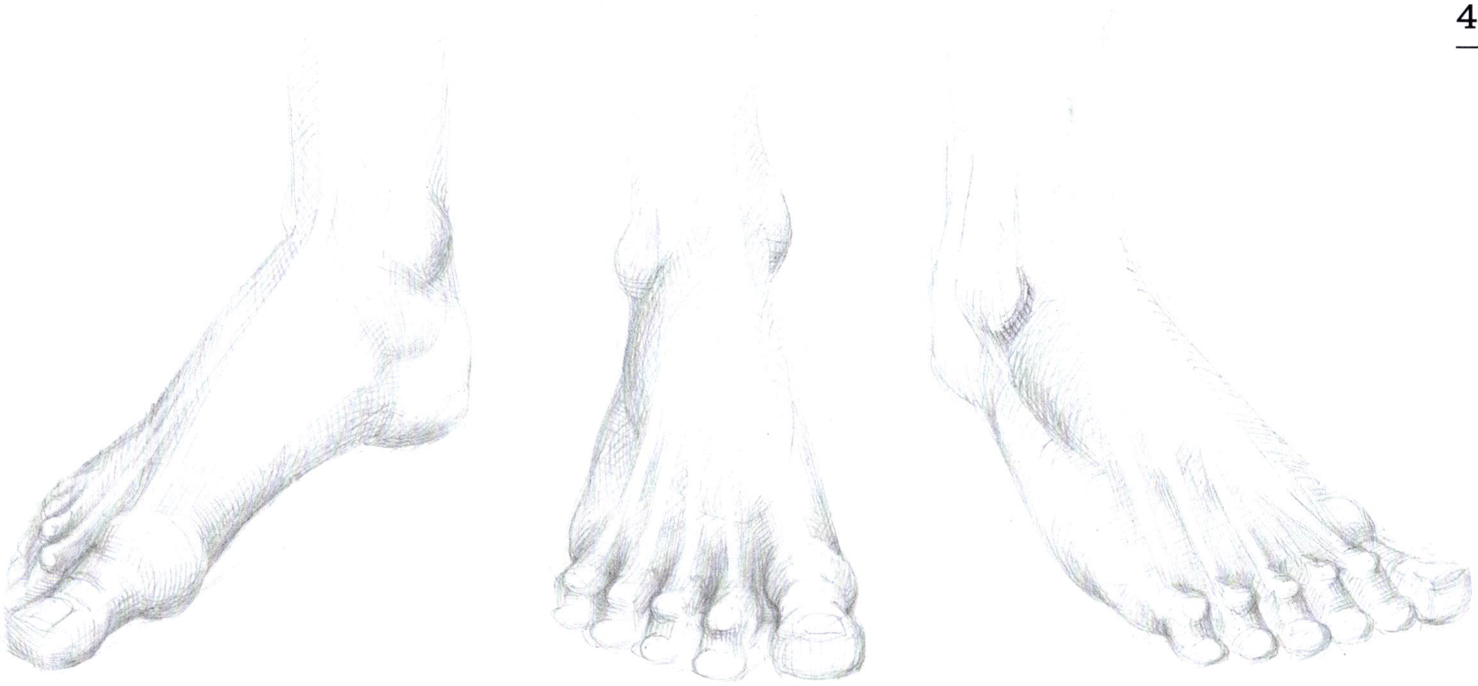

Realistische Darstellung

Die Funktionen des Fußes

Seitliches Kippen

Von der Vereinfachung nun zur Funktion. Der Fuß kann sich leicht nach außen und innen sowie nach oben und unten kippen. Um das zu verstehen, müssen wir uns die Komplexität des Fußgelenkes genauer anschauen.
Die halbrunde Form der Oberseite des Sprunggelenkes bildet mit dem Unterschenkelknochen und dem Wadenbein passgenau ein Scharniergelenk. Dadurch kann der Fuß in der Achse des Knöchels nach oben bzw. nach unten kippen. An der (äußerlich nicht sichtbaren) Unterseite des Sprunggelenkes befindet sich das Sprungbein. Die Oberflächen beider aneinandergrenzenden, nur mit Bändern gehaltenen Fußknochen sind beide passgenau halbrund. Das ermöglicht ein Hin-und-Her-Gleiten, also das seitliche Kippen des Fußes.
Die Stabilität des Knöchelgelenks ist die Voraussetzung für das Abdrücken und das Laufen, während die Beweglichkeit zwischen Sprunggelenk und Sprungbein für die Balance und das Ausgleichen von Bodenunebenheiten verantwortlich ist. Beide sind unverzichtbar für die Funktion des Fußes - das sichere Laufen.

Von vorn gesehen

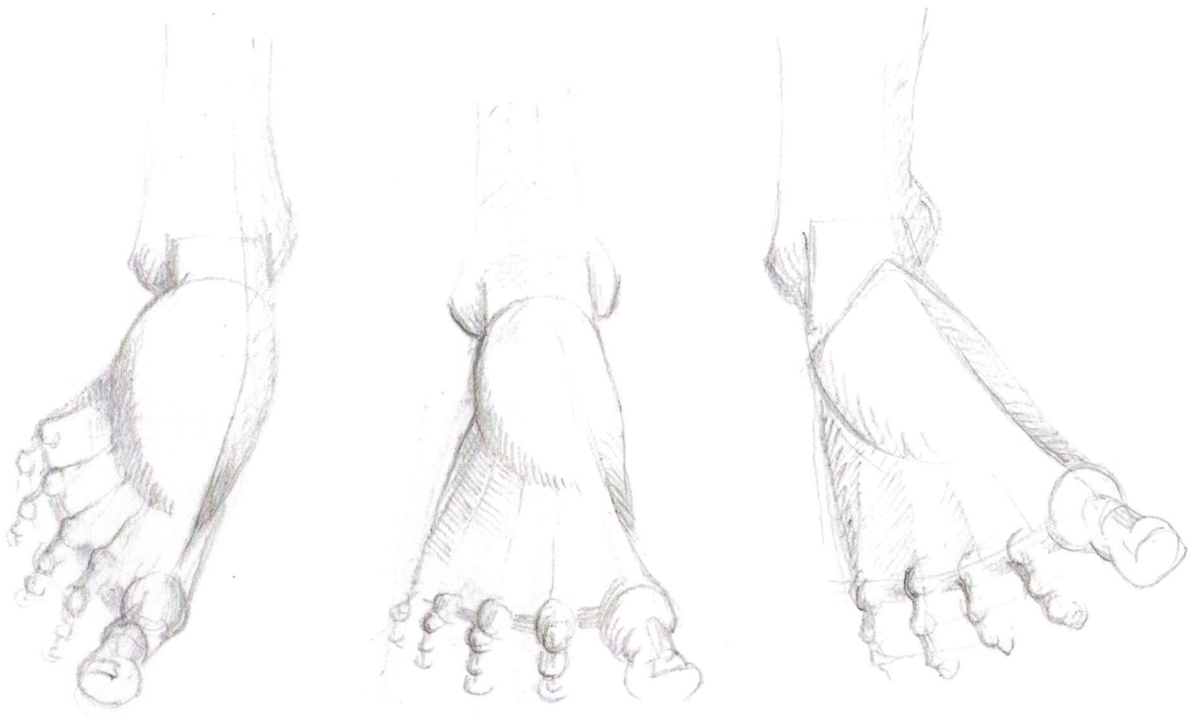

Abstraktion

In der abstrahierenden Zeichnung werden die statische Verschiebung und der Richtungswechsel der Formverläufe deutlich. Besonders gut sieht man hier die Dominanz des großen Zehenstreckers, der durch die Verbindung vom Schienbein bis hin zur großen Zehe die Architektur des Fußes maßgeblich prägt.

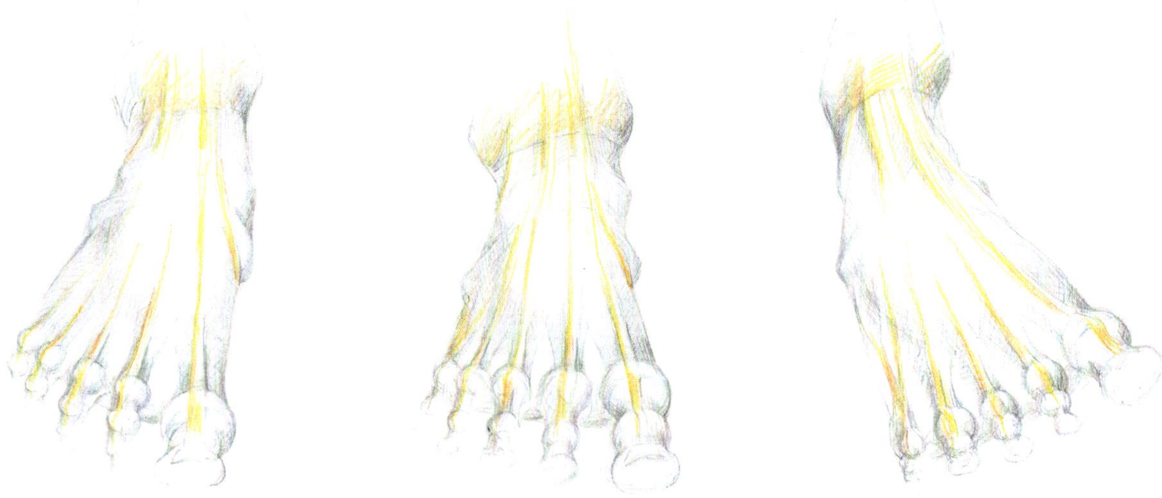

Anatomische Darstellung

Die Darstellungen mit Skelett und Sehnenverlauf verdeutlichen die Zusammenhänge von Anatomie und deren Funktion, und wie das Eine aus dem Anderen resultiert. **Beobachte** an deinem eigenen Fuß, wie sich die Sehnen beim Spreizen und Heben der Zehen verhalten, wie sie markant aus dem Fußriss hervortreten. Beachte, wie sich beim seitlichen Kippen die innere Verlagerung des Skelettes auf das äußere Erscheinungsbild auswirkt.

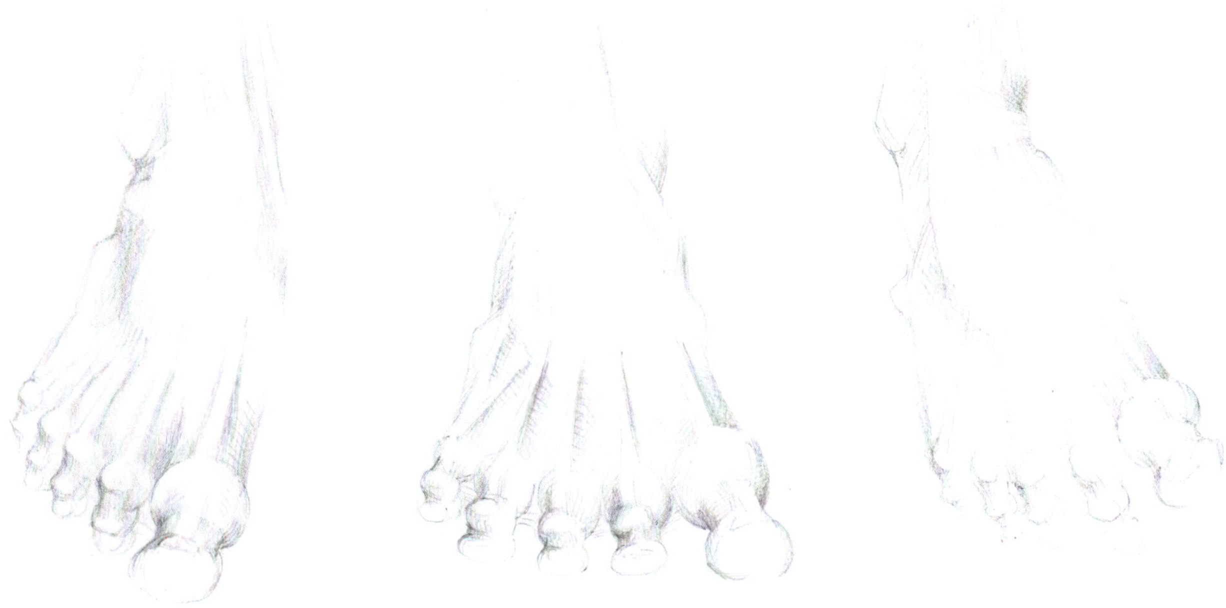

Realistische Darstellung

In der realistischen Darstellung fließen diese Erkenntnisse in eine zeichnerischen Übersetzung ein und können entsprechend hervorgehoben werden.

Es macht einen Unterschied, ob der Fuß locker aufliegt oder ob er eine Funktion ausübt. Bei Anstrengung treten die Sehnen deutlicher hervor als im Ruhezustand.

Von außen gesehen

Das seitliche Kippen begegnet uns sehr häufig, besonders wenn das Modell sitzt und den Fuß aufsetzt. Auch bei liegenden Positionen winkelt sich der Fuß häufig ab. Dabei treten spezifische Akzente, wie das Heraustreten von Sehnen oder Knochen und auch Faltenbildung durch Stauchungen, in Erscheinung.

Wir beginnen wieder mit der Vereinfachung und gehen dann weiter über die Anatomie bis hin zur realistischen Darstellung. Dazu betrachten wir das seitliche Kippen zunächst von der Außenseite des Fußes, dann von der Innenseite und schließlich von hinten.

In der jeweils linken Abbildung ist der Fuß auf dem Boden aufstehend und parallel zu unserem Blickfeld dargestellt. In der mittleren ist der Fuß nach außen gekippt. Dadurch entsteht eine leichte Untersicht. Dabei bilden die Zehenreihe und die Fußaußenseite eine Art „Kante“: Darunter schauen wir in Untersicht in das Fußgewölbe, darüber auf den Fußrist mit Übergang zum Knöchel.

In der jeweils rechten Abbildung kippt der Fuß unserem Gesichtsfeld entgegen und wir erhalten dadurch eine leichte Aufsicht auf den Fußrücken.

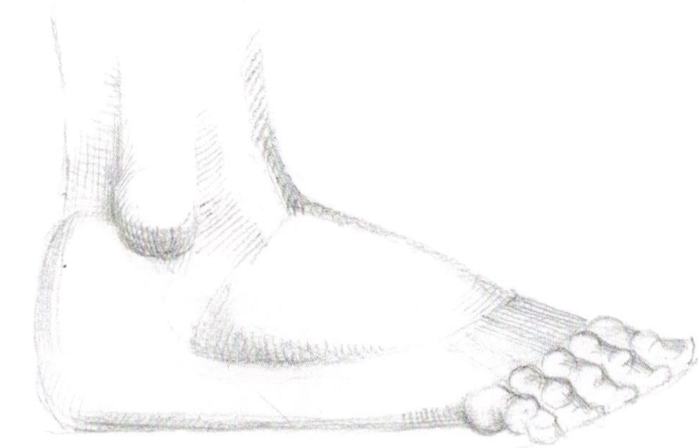

Fußaußenseite: Abstraktion

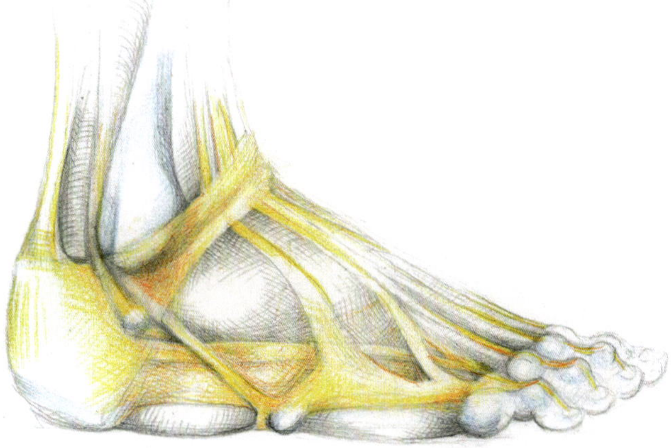

Fußaußenseite: Anatomische Darstellung

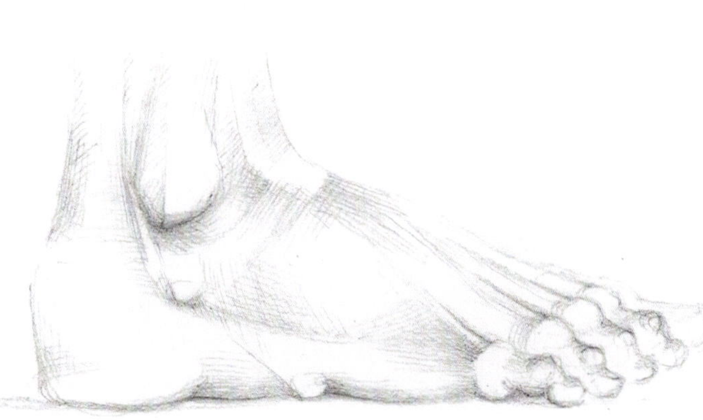

Fußaußenseite: Realistische Darstellung

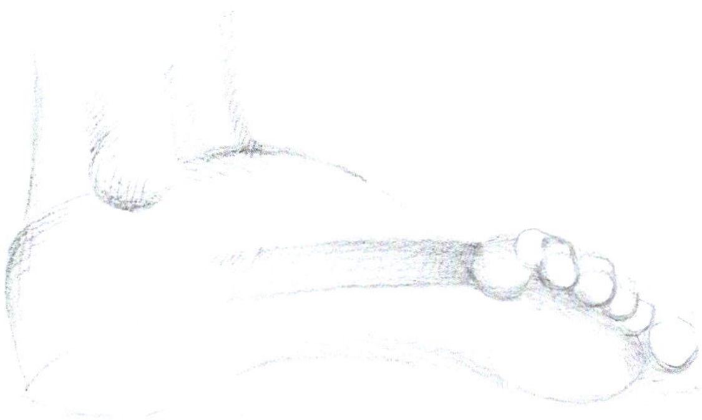

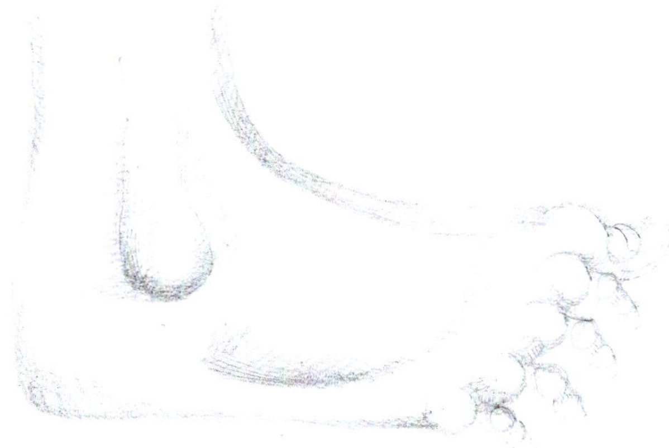

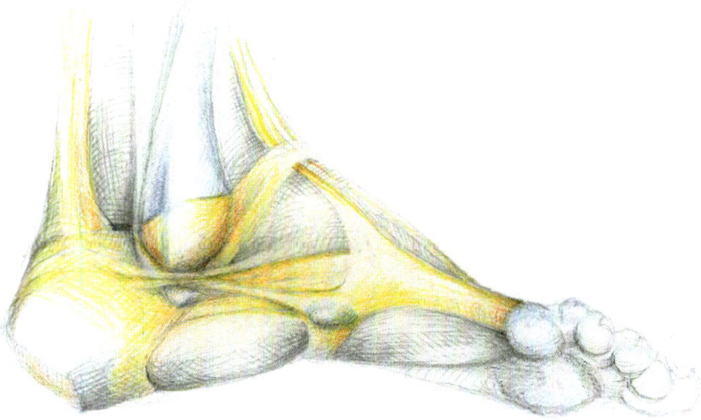

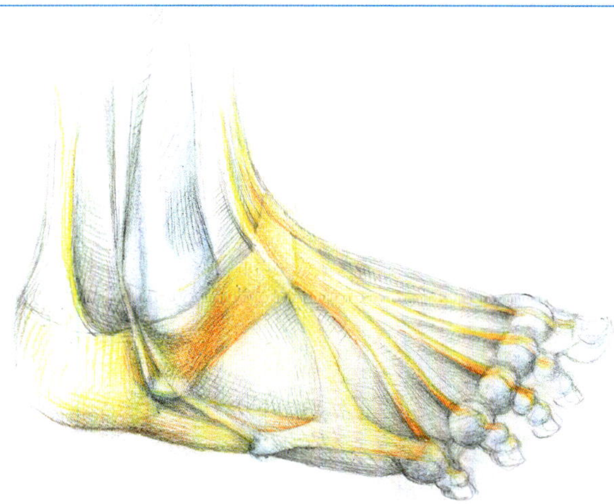

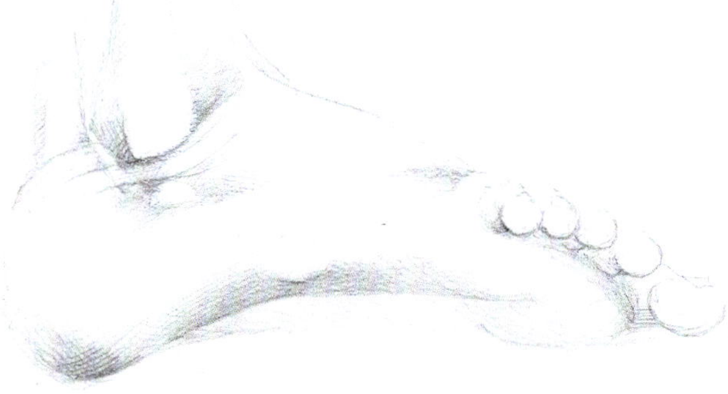

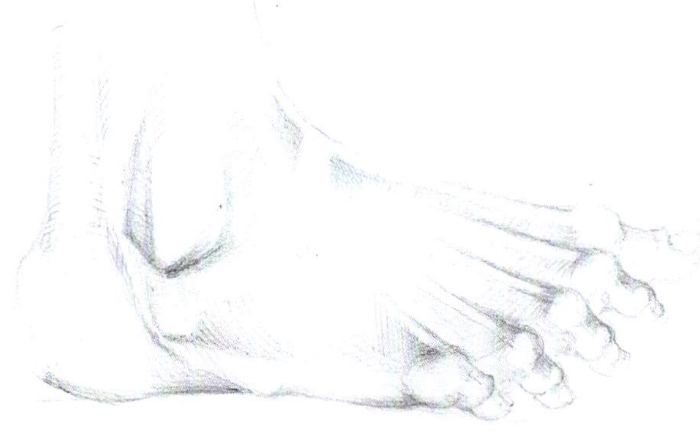

Von innen gesehen

Beim seitlichen Kippen des Fußes bilden sich jeweils auf der Seite des „Knickes“ leichte Falten. Umgekehrt, also in der Streckung, treten dagegen harte einzelne Punkte des Fußskelettes heraus. Der Innenbereich des Fußes verläuft weicher, mit fließenden Übergängen.

Auch hier ist wieder ein **Selbststudium** an deinem eigenen Fuß empfehlenswert. Anfassen lohnt sich dabei, denn dadurch spürst du, wie sich die Knochen verhalten, wie sie sich je nach Drehung spitz nach außen drücken und bei der Gegenbewegung wieder unsichtbar nach innen verlagern. Beachte dabei auch die Stauchungen am Innenbereich des Knöchels. Wo entstehen Falten und wie verlaufen diese? Wie verhält sich dabei die gegenüberliegende Seite des äußeren Fußes? Wann treten wo welche Sehnen markant hervor?
Probiere das mehrfach aus, damit sich dir das komplexe Zusammenspiel gut einprägt.

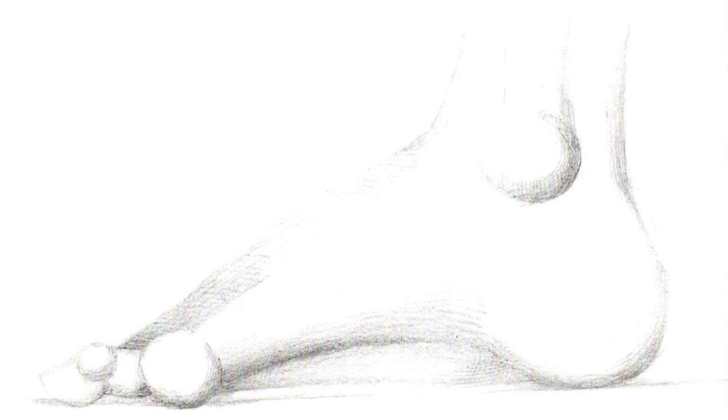

Fußinnenseite: Abstraktion

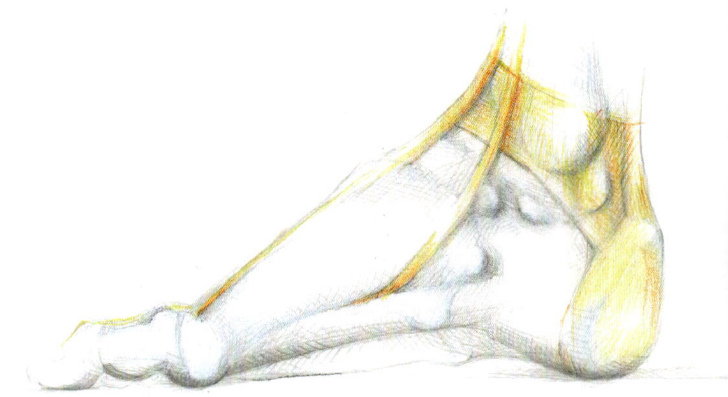

Fußinnenseite: Anatomische Darstellung

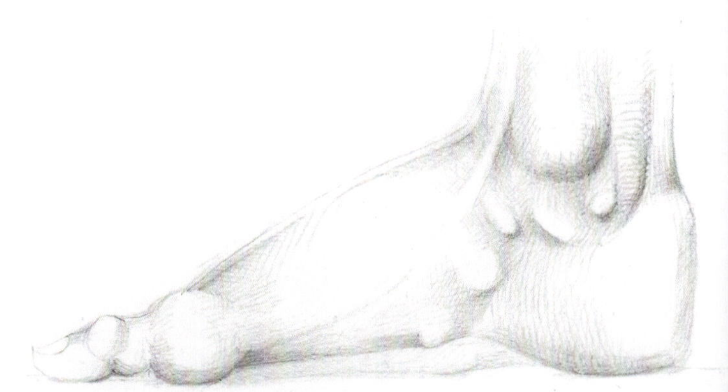

Fußinnenseite: Realistische Darstellung

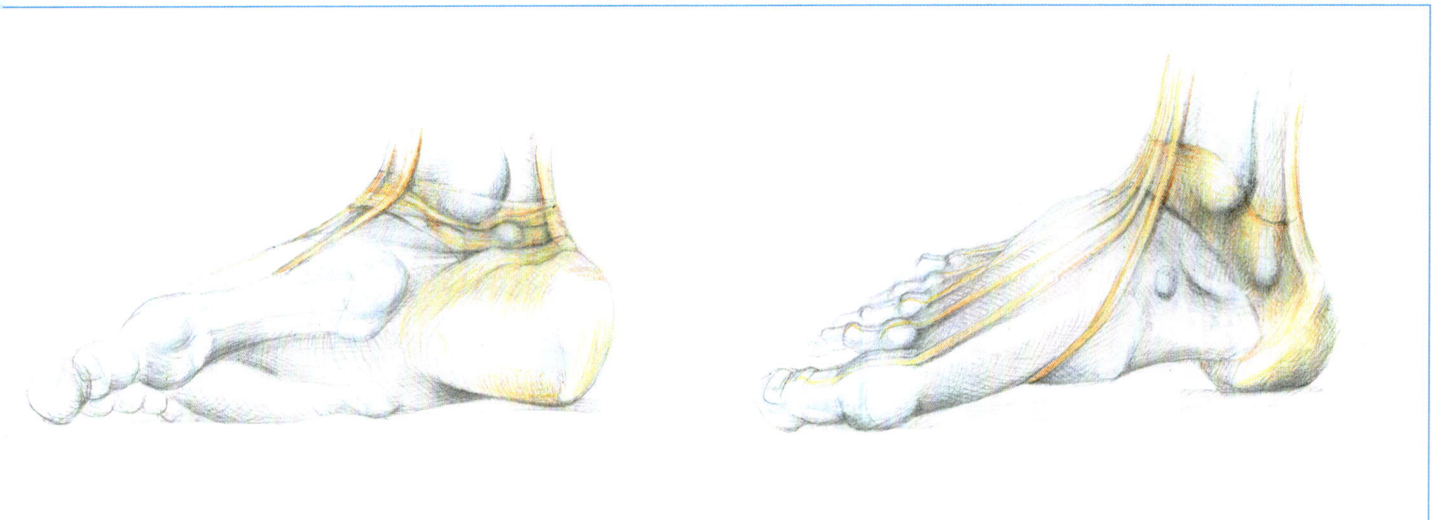

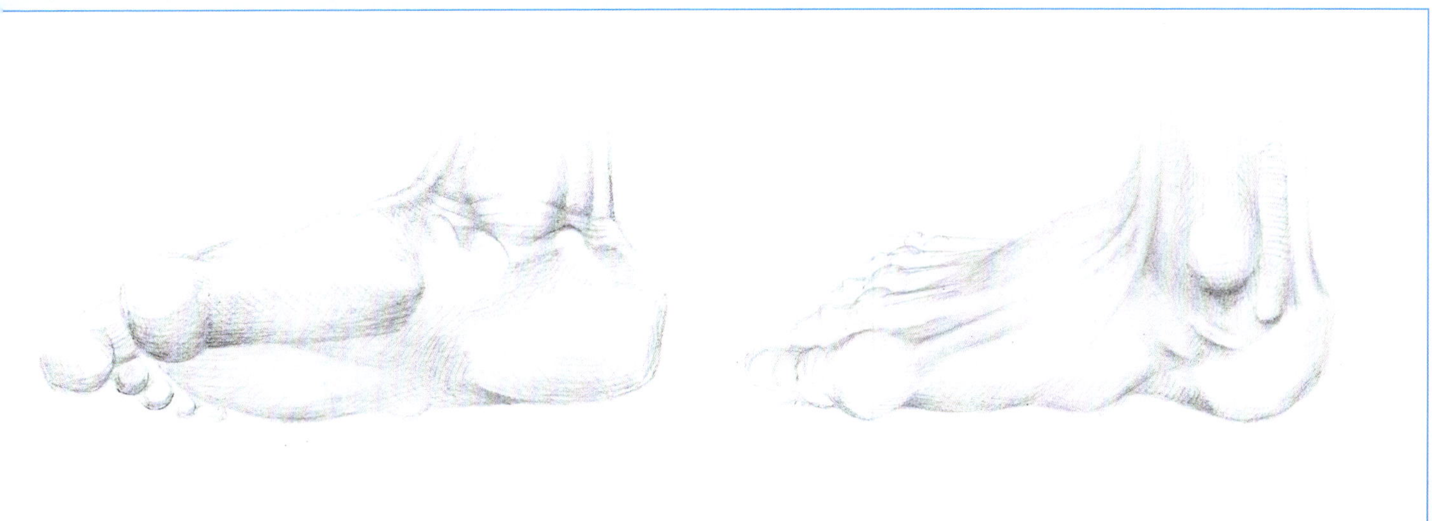

Von hinten gesehen/die Ferse

Die hintere Ansicht des Fußes wird durch die Ferse dominiert und weiter in Richtung Wade durch die prägnante Achillessehne, die eine harte Kante und einen Kontrast zur eher weichen Ferse bildet. Sie ist ein unbedingtes Muss beim Zeichnen, denn durch die markante und harte Definition der Achillessehne erkennt das Auge sofort den „Fuß von hinten".

Auch bei der Rückansicht solltest du die Schrägachse des Knöchels beachten: Die Innenseite des Knöchels ist immer höher als die Außenseite. Auch bilden sich beim Kippen Falten über dem Fersenbein, die sich immer nach der darunterliegenden Form des Skelettes ausrichten.

Je nach Kippen des Fußes treten die markanten Punkte des Fußskelettes deutlich hervor. Die Sehnen folgen jeweils in ihrem Formverlauf dieser Bewegung. Der Knöchel bleibt dabei in seiner Position unverändert.

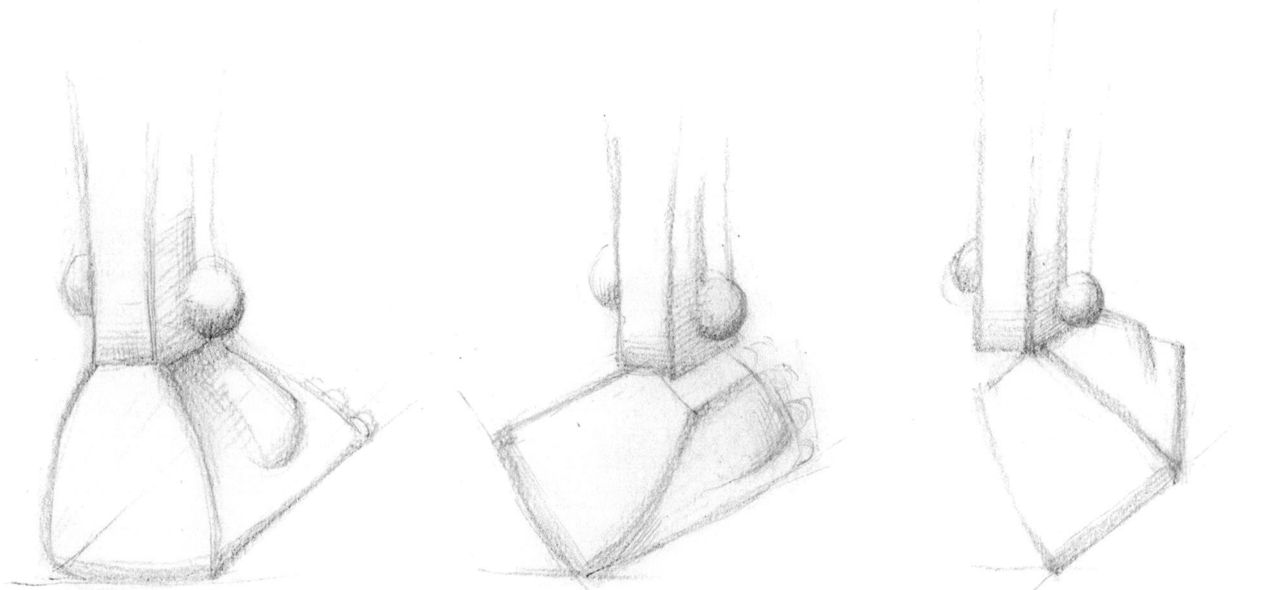

Fußrückseite mit Ferse: Abstraktion

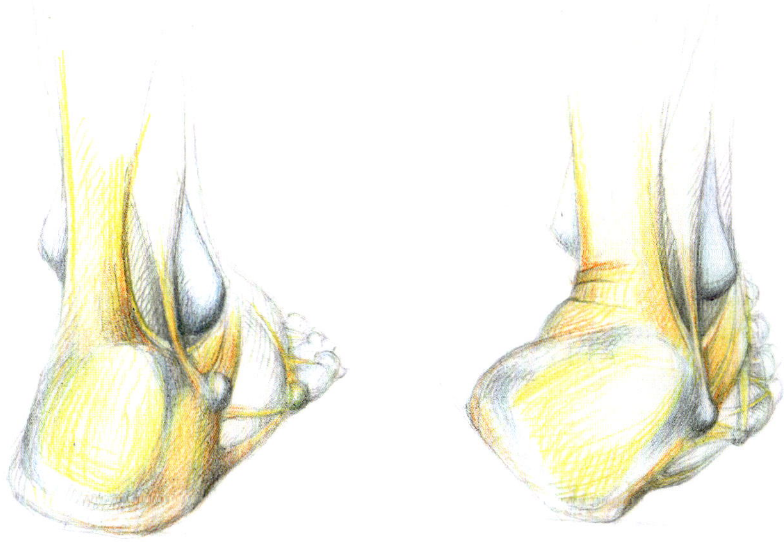

Fußrückseite mit Ferse: Anatomische Darstellung

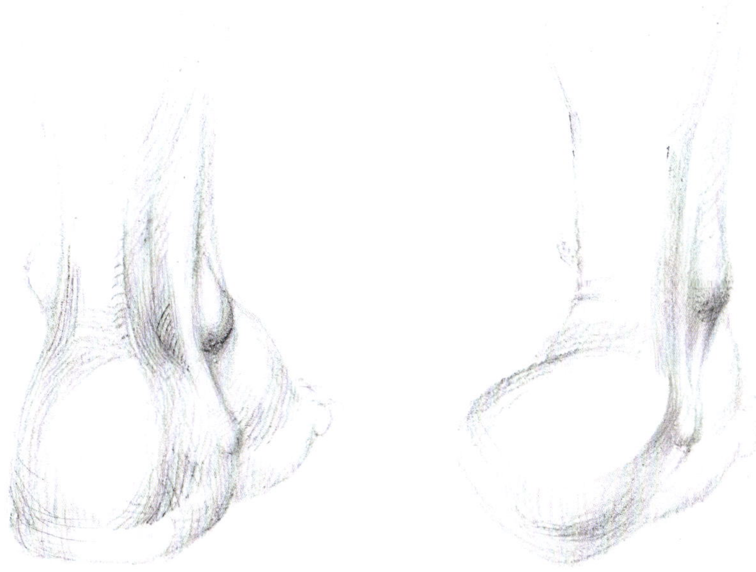

Fußrückseite mit Ferse: Realistische Darstellung

Laufen und Abrollen

Der Sinn des Fußes sind das Stehen und natürlich auch das Laufen. Dabei überwinden wir unwegsames Gelände und Steigungen und halten trotzdem Balance, denn durch die Beweglichkeit, die Fähigkeit des Fußes, hin und her zu kippen, kann der Fuß dieses ausgleichen. Beim Laufen setzt zuerst das Fersenbein auf den Boden auf, erst dann verlagert sich das Gewicht auf den Fuß.
Besonders zu beachten ist hier, dass beim Gehen das Gewicht des gesamten Körpers für einen kurzen Moment auf nur einem unserer beiden Füße liegt, bevor sich der andere Fuß davorsetzt. Beim Laufen oder Rennen ist die Wucht der Stauchungen und Stöße entsprechend noch größer. Wäre der Fuß aus nur einem großen Knochen gebaut, könnte er statisch dieser Belastung nicht standhalten. Doch die Flexibilität seiner einzelnen Teile zueinander und ihr bewegliche Fixierung durch die Bänder federn diese extremen Belastungen elastisch ab.
Beim Abdrücken des Fußes kontrahiert die Wadenmuskulatur und gibt – wie bereits erwähnt – ihre Kraft über die Achillessehne weiter. Dadurch hebt sich das Fersenbein und wir drücken unseren eigenen Körper weiter.
Auch können wir unser gesamtes Körpergewicht ohne Problem allein auf den vorderen Mittelfuß bzw. die Zehen verlagern; die breit gefächerte Stellung der einzelnen Zehen ermöglicht dabei das Halten der Balance.

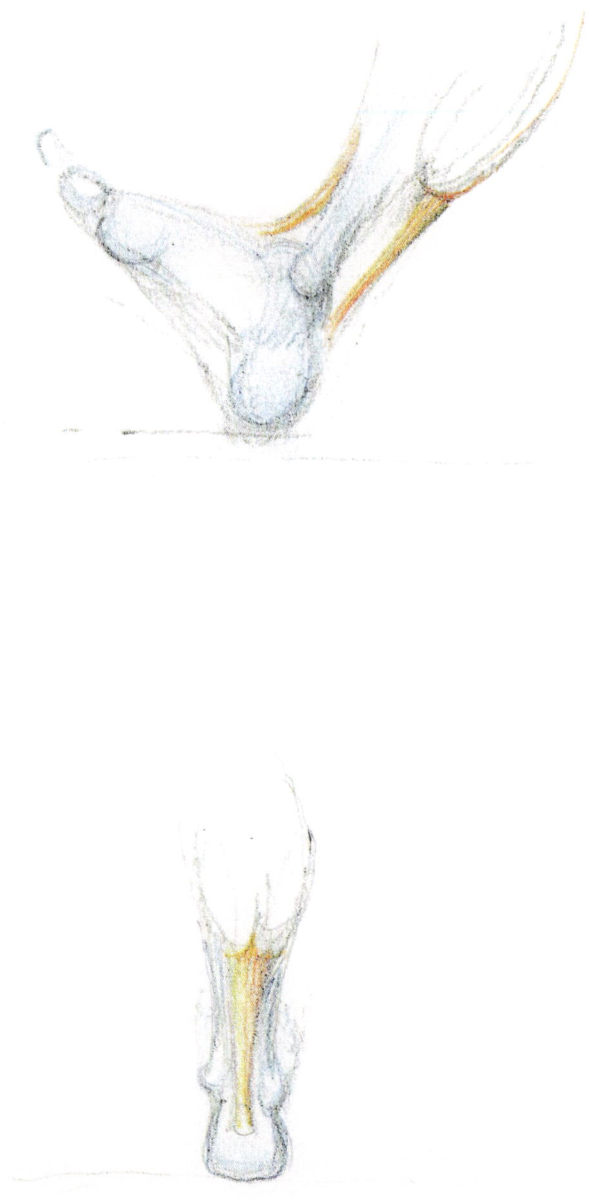

Laufen und Abrollen

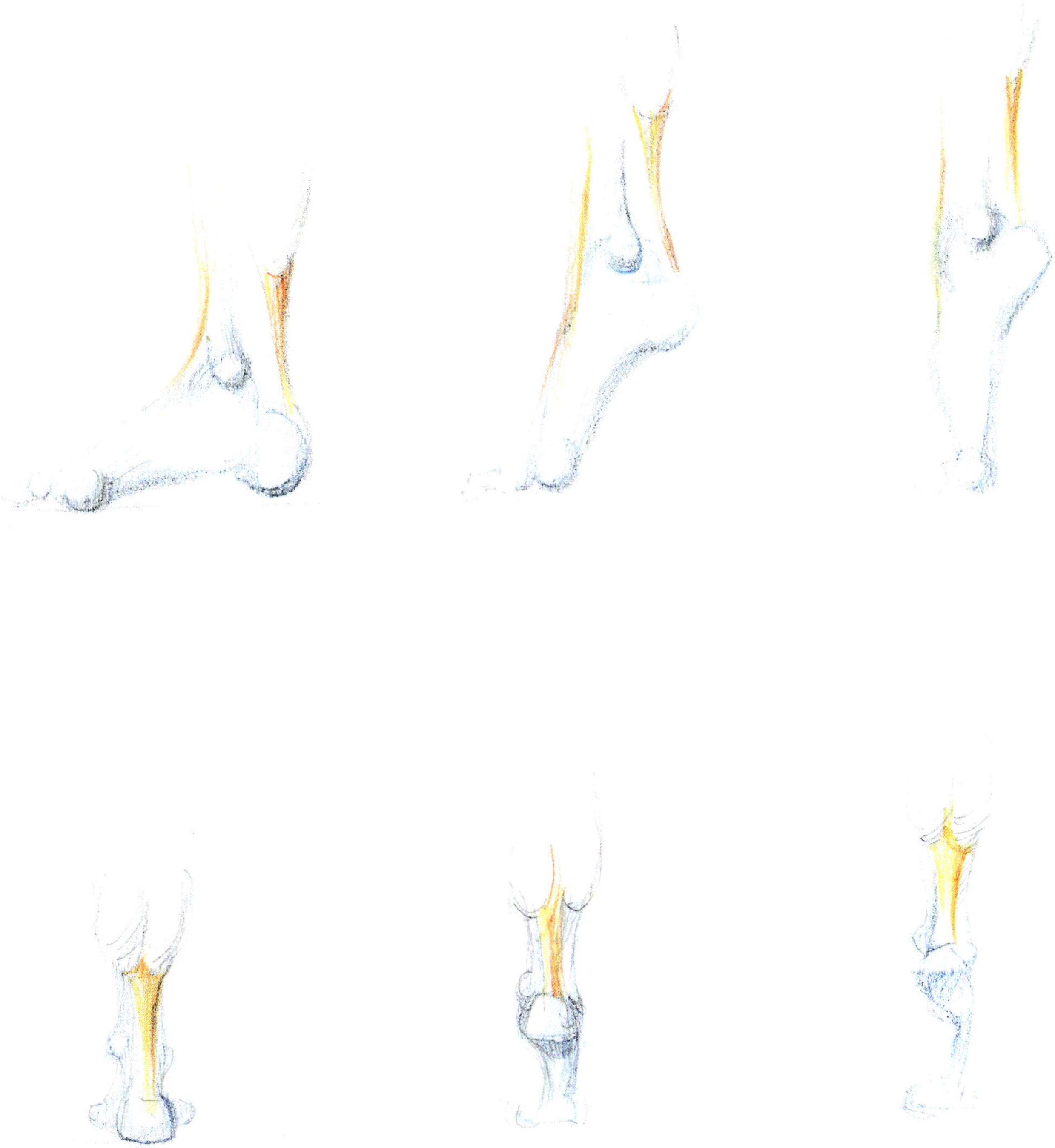

Der Fuß in der vereinfachten Darstellung

Nun kommen wir wieder - wie im Kapitel zur Hand - von der Abstraktion hin zur realistischen Darstellung. Als Beispiele dienen auch hier zufällig gewählte Positionen. Beginnend mit der geometrischen Vereinfachung unter dem Gesichtspunkt der Perspektive geht es weiter zur Klärung der Proportionen bis hin zur realistischen Darstellung mit anatomischen Kenntnissen.

Zu Beginn einer Studie steht also immer zuerst die Klärung der Räumlichkeit: Wie ist deine Sicht auf den Fuß? Siehst du ihn in der Frontal-, der Seiten- oder der Dreiviertelansicht? Wie ist der räumliche Verlauf? Wo ist in Entsprechung dazu meine Augenhöhe: Aufsicht, Untersicht? Nachdem diese Fragen beantwortet sind, folgt die Geometrisierung des Fußes (Trapez, Kugel),

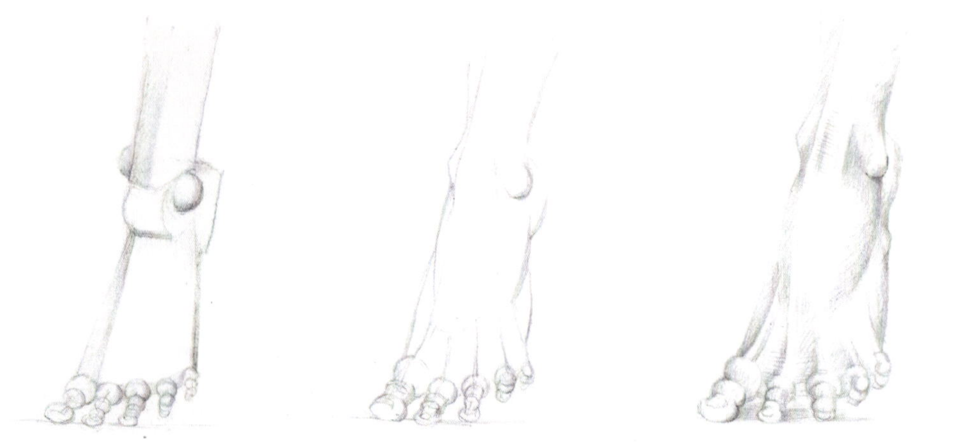

Auf die Fußzehen aufgestellter Fuß: Geometrisierung/Abstraktion - Vereinfachung - Realistische Darstellung

Hier sehen wir den Fuß von vorn in einer fast parallelen, aber doch leichten Dreiviertelansicht. Der Mittelfuß ist steil aufgestellt, der große Zeh und die beiden Zehen daneben stützen ab, während sich die beiden letzten spreizen. Am durchgestreckten Knöchelgelenk treten die Sehnen am Kreuzband wie auch an den Zehen deutlich hervor.

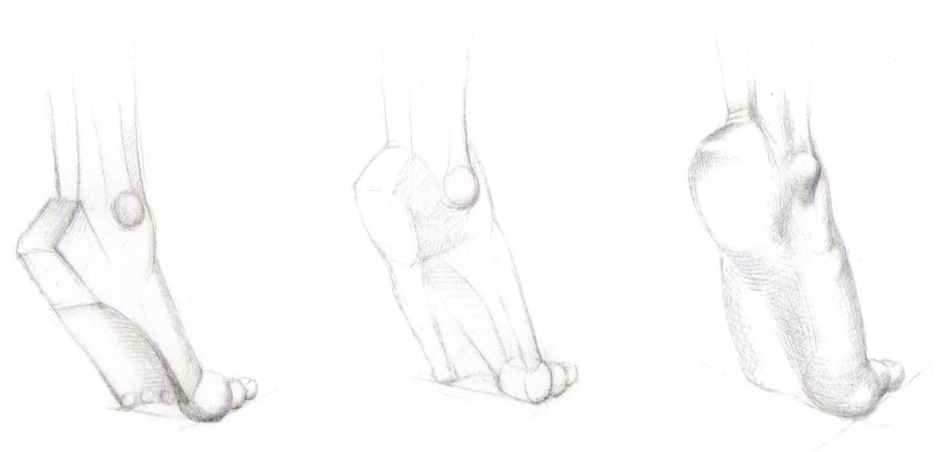

Fuß von hinten: Geometrisierung/Abstraktion - Vereinfachung - Realistische Darstellung

Hier sehen wir den Fuß in einer Dreiviertelansicht von hinten. Das Fußgewölbe ist aufgerichtet, die Ferse stark gekippt. Die Mittelfußknochen mit den daran ansetzenden einzelnen Zehen liegen auf dem Boden auf und stützen den Fuß ab.

die die einzelnen Elemente in Zusammenhang bringt. Hier sind z.B. wichtige Fragen: In welcher Richtung liegen die einzelnen Zehen? Welche der Zehen liegen auf, welche heben sich vom Boden ab? Wie ändert sich dadurch ihre perspektivische Ausrichtung?
Danach richtet sich auch die Vereinfachung der Zehen, denn die am Boden aufliegenden fügen sich anders in den Raum als die „schwebenden". Wo knicken sie und in welchem Gelenk und welche verbleiben in einem gestreckten Zustand?
Am Ende steht die darauf aufbauende realistische Zeichnung. Diese kann mit grafischen Mitteln wie Schattierungen, Überschneidungen und den vom Zeichner gewollten Betonungen ausgearbeitet werden.

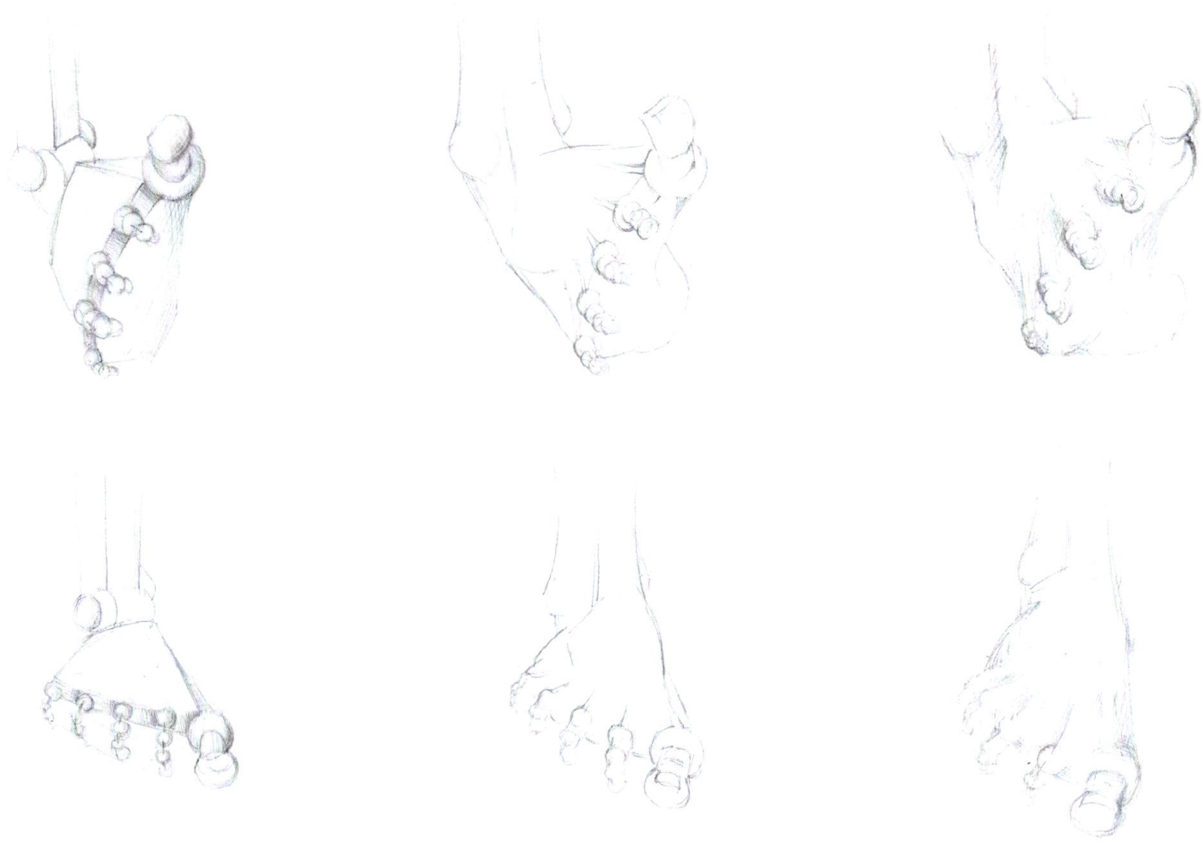

Fuß frontal von vorn: Geometrisierung/Abstraktion - Vereinfachung - Realistische Darstellung

Oben ist der Fuß mit seiner Zehenreihe frontal auf unser Blickfeld (Augenhöhe) gerichtet. Oberhalb der Zehenreihe sehen wir den Fußriss, unterhalb die Unterseite bzw. die Fußsohle. Unten sehen wir den Fuß mit leichter Aufsicht.
In beiden Abbildungen ist die Ausgangsposition von Schienbein und Knöchel die Gleiche, nur kippen beide Füße in unterschiedlichen Winkeln ab - der obere nach oben innen - der untere nach unten außen.

Die Vereinfachung in der Perspektive

Auch der Fuß unterliegt in seiner räumlichen Darstellung der Gesetzmäßigkeit der Perspektive. Dabei hilft uns wieder die Abstraktion, da wir uns so die räumliche Situation des Modells leichter vorstellen können. Ohne ins Detail zu gehen, kannst du hier erst einmal wichtige Punkte klären: Wie siehst du den Fuß? Frontal, seitlich, halb-seitlich, etc.? Siehst du ihn eher von oben oder von unten? Wenn du das herausgefunden hast, bist du schon ein gutes Stück weiter.
In dieser Zeichnung sehen wir den Fuß in unterschiedlichen Haltungen und Ansicht.

1. Reihe

Du siehst den vereinfachten Fuß zu Beginn in der Aufsicht. Weiter nach rechts hin bewegt sich deine Augenhöhe zunehmend weiter nach unten, so als würde der Fuß nach oben kippen. In der Mitte der Reihe befindet sich die Zehenreihe auf deiner Augenhöhe, du siehst den Fuß von vorn. Ab hier geht es weiter zur Untersicht des Fußes, der Fußsohle. Die Höhe des Fußristes wird während dieses Hochkippen allmählich durch die Zehenreihe überlagert und das Halbrund des Zehenverlaufes wird deutlicher, während die Ferse stark verkürzt in den Hintergrund geht. Dreht der Fuß weiter, steht die Fußsohle parallel zu deinem Gesichtsfeld; dreht der Fuß noch weiter in diese Richtung, tritt die Ferse in den Vordergrund und der Zehenballen geht nach hinten.

2. Reihe

Hier beginnen wir mit der unteren Fußansicht, also der Fußsohle. Nach und nach wird hier der Fuß bis zur seitlichen Ansicht gedreht bzw. ausgestellt. Von dort aus dreht sich der Fuß in gleicher Richtung weiter bis zu einer Aufsicht auf den gestreckten Fußrücken.

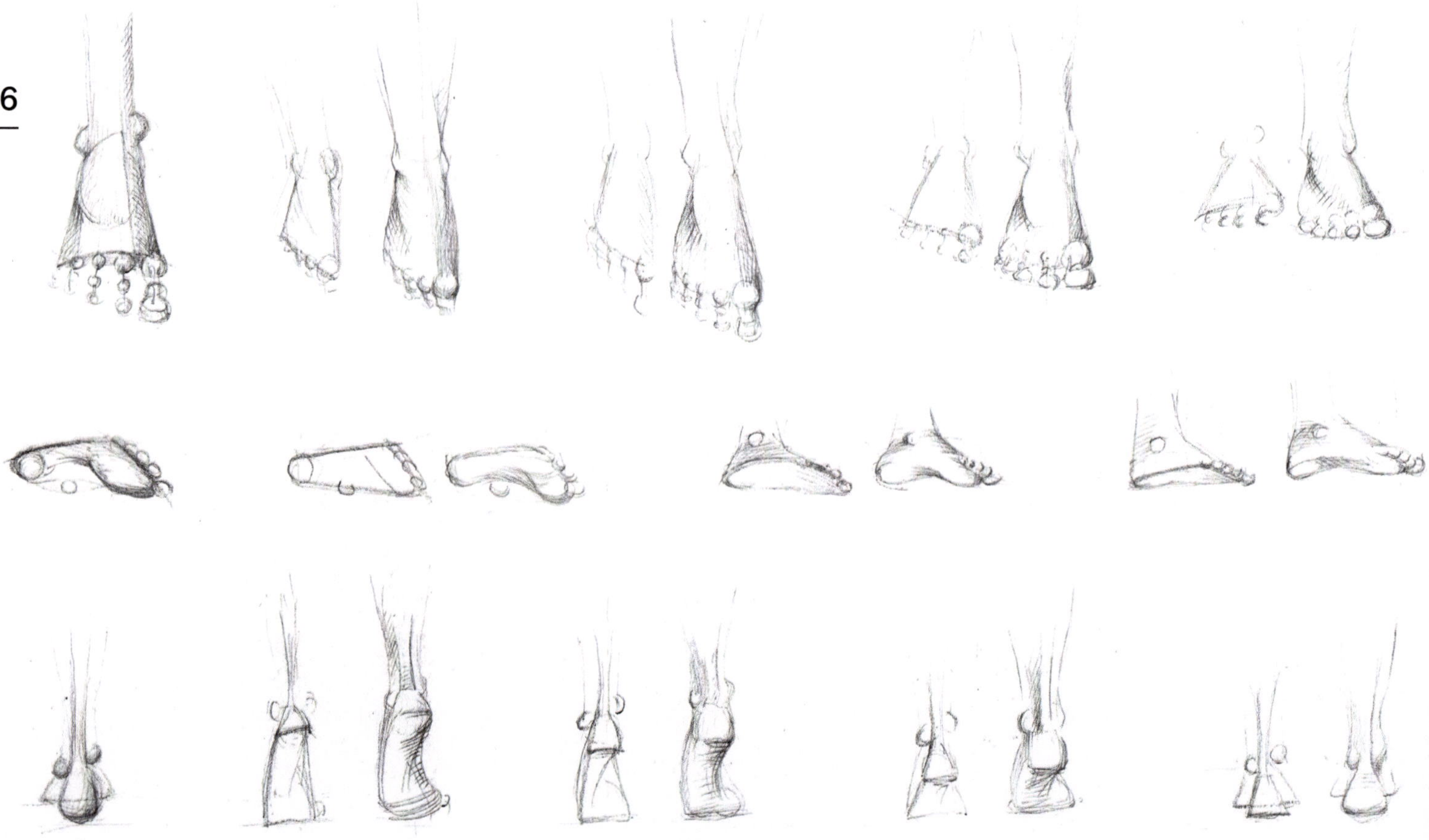

Der Fuß in drei verschiedenen perspektivischen Ansichten bei fortlaufender (räumlicher) Drehung

3. Reihe

Hier sehen wir den Fuß von hinten. In der linken Hälfte richtet sich der Fuß auf die Zehenspitzen auf und kommt schrittweise wieder in den flachen Stand zurück, ähnlich der Bewegung beim Laufen oder Strecken. In der rechten Hälfte wird der Fuß nach hinten gekippt, wobei nur die Ferse am Boden bleibt. Wir schauen am Ende also von oben auf den Fuß.

Folgen wir bei perspektivischen Ansichten immer diesem Prinzip, können wir jeden beliebigen Gegenstand genau so vor unseren Augen drehen und wenden. Das haben wir seit unserer Kindheit schon tausendfach so getan, nur trauen wir uns das bei einem menschlichen Modell nicht so recht zu.

Wenn wir aber **nach einem Modell zeichnen**, können wir jederzeit unseren Platz verlassen, um das Modell herumgehen und dabei seine räumliche Situation verstehen, in diesem Fall den Fuß als ein Ganzes in all seinen Zusammenhängen.

Durch diese fast haptische Erfahrung begreifen wir die Dinge, und sobald wir diese Zusammenhänge in unserem visuellen Gedächtnis gespeichert haben, finden wir auch die zeichnerische Entsprechung dafür.

Unser Verständnis können wir noch vertiefen, wenn wir uns z.B. Füße in zeichnerischen Darstellungen anderer Künstler, besonders der Alten Meister, anschauen. Damals war das „Naturstudium" in Ermangelung von anderen Abbildungsmöglichkeiten wie der Fotografie noch ein unbedingtes Muss. Unser heutiges Schauen dagegen ist geprägt von zweidimensional flachen Vorgaben wie Fotografien, Filmen, PC-Bildschirmen usw. und wir müssen uns des räumlichen Denkens erst wieder bewusst werden.

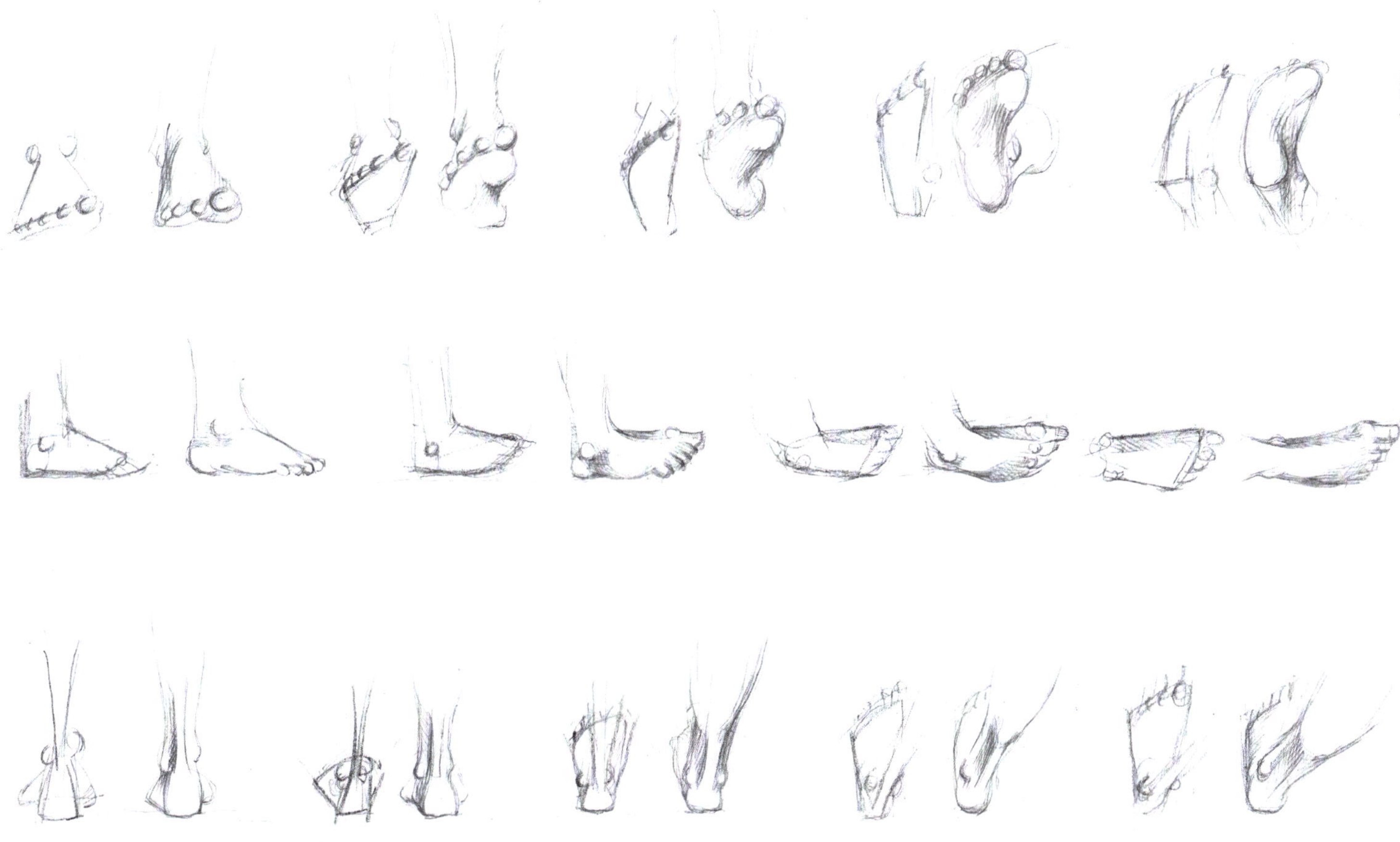

Der Fuß: schematischer Aufbau

Dieser Fuß ist in einer Dreiviertelansicht von oben zu sehen. Er ist leicht gestreckt und die Zehen sind auf dem Boden aufgestellt, eine Pose, die auch beim Laufen (Abrollen) oder bei der Streckung in die Höhe entsteht.

Die Zehen sind dabei fächerartig auf gespreizt, um eine möglichst große Standfläche für die Balance zu haben. Auch durch den Druck des Stehens, bei dem von oben viel Gewicht auf dem Fuß lastet, spreizen sich die Zehen.

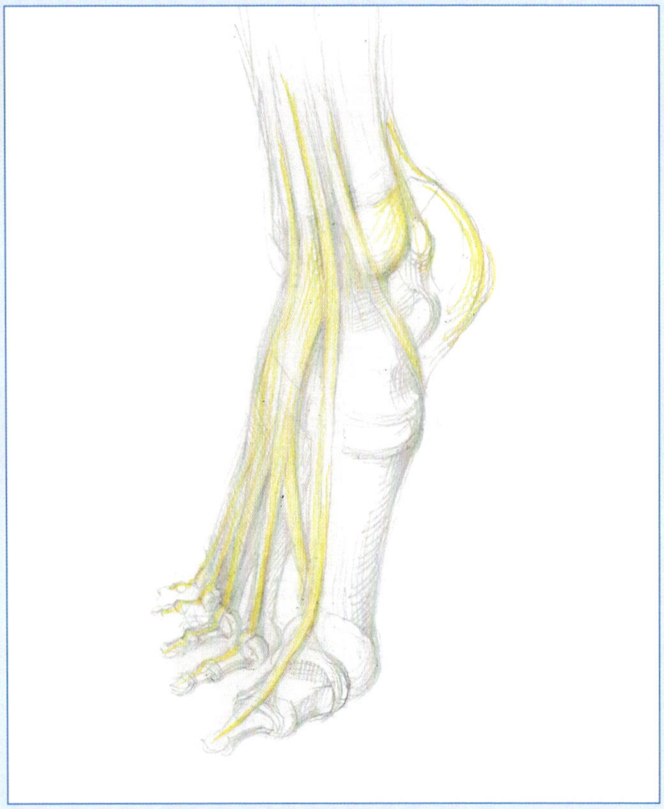

1 Skelett mit Sehnenverlauf

In dieser Position knicken die Zehen vom Mittelfußknochen stark ab, fast im rechten Winkel. Alle Gelenke, um die es hier geht, sind Scharniergelenke. Der innere Knöchel ist dem Betrachter zugewandt, daher sehen wir den äußeren mit dem Wadenbein nur im Ansatz. Das Fersenbein ist im Hintergrund nur angedeutet.
Der Verlauf der Zehenstrecker hoch zum Fußgelenk (Knöchel) verdeutlicht die trapezförmige Grundform des Fußes. Alle Sehnen „bündeln" sich über das Fußgelenkband am Knöchel, bevor sie weiter in das Schienbein laufen.

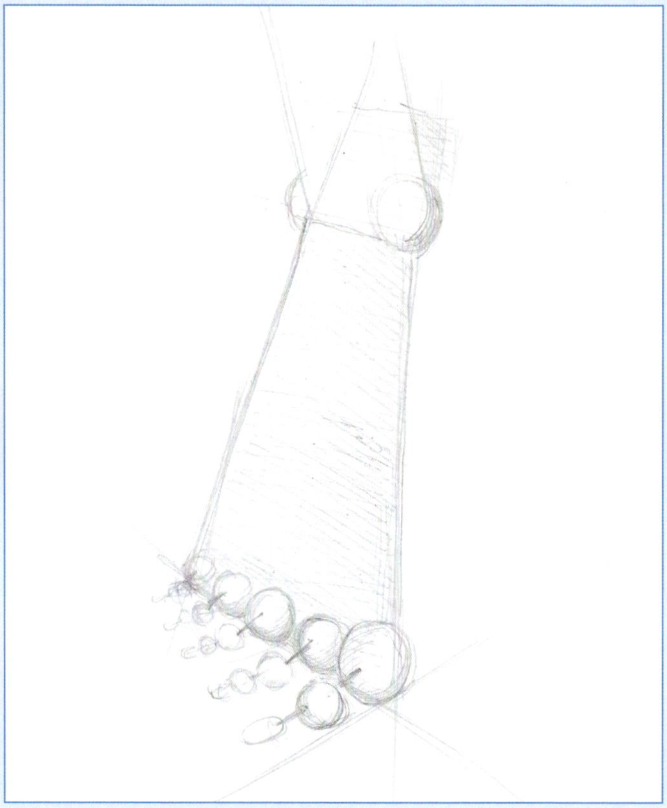

2 Perspektive

Lege nun die Perspektive der Trapez-Form fest, ebenso die Richtung der auf dem Boden aufliegenden Zehen. Dabei wirst du feststellen, dass das Trapez des Fußes sich in eine andere Richtung bewegt als die der Zehen. Die Zehen liegen perspektivisch entsprechend ausgerichtet auf dem Boden auf, während sich der Fuß nach oben streckt.
Diesen Richtungswechsel, also das Abwinkeln, ermöglichen die Gelenke zwischen Fuß und Zehen.

Bei einem gestreckten Fuß treten die einzelnen Zehenstrecker deutlich hervor.
Die aufstehenden Zehen knicken im Winkel des Bodens ab. Durch diese starke Beugung kommt es zu einer deutlichen Stauchung mit Faltenbildung zwischen Fuß und Zehen.

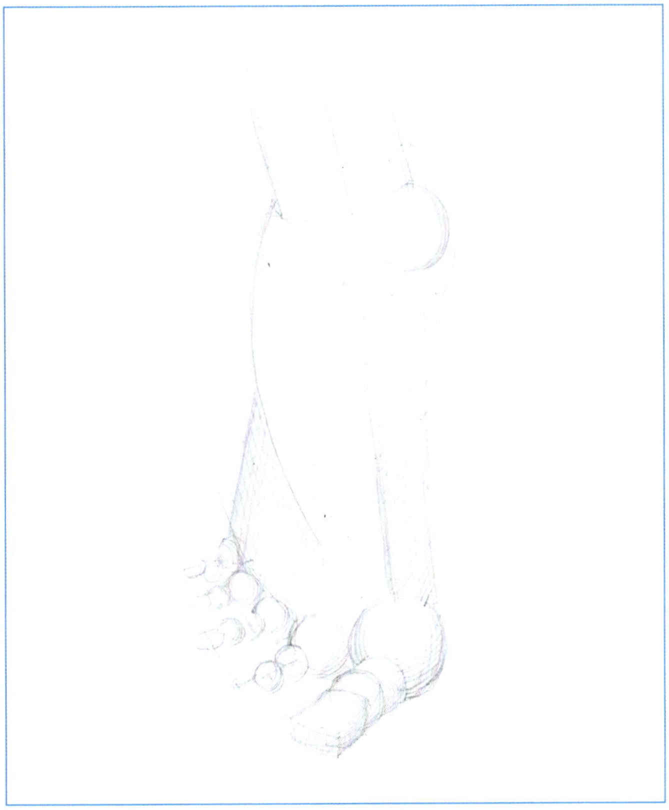

3 Geometrisierung

Das hier deutlich sichtbare Halbrund der Zehenreihe, das sich im Fußrist fortsetzt, betont die räumliche Ausprägung der perspektivisch ausgerichteten Trapez-Form. Beachte besonders die harte Kante auf der Höhe des Fußristes, die durch den Verlauf des großen Zehnstreckers entsteht.

4 Realistische Darstellung

Die realistische Zeichnung macht sich den grafischen Reiz der hier gut sichtbaren harten Kanten der einzelnen Zehnstrecker zunutze. Sie unterstreicht den grundlegend trapezförmigen Charakter eines Fußes sowie die in diesem Falle von oben ausgerichtete Perspektive.
Die einzelnen Zehngelenke kommen leicht in den Vordergrund und sie werden durch Faltenbildung sowie den Ansatz der Zehennägel zeichnerisch hervorgehoben.

Kinderfuß und Erwachsenenfuß im Vergleich

Wenn man einen Kinderfuß mit dem eines Erwachsenen vergleicht, kommt man zu einem ähnlichen Ergebnis wie beim Vergleich von Kinder- und Erwachsenenhand. Wie bereits im Skelett deutlich, sind die Proportionen eines Kinderfußes gedrungener, die Längenausdehnung ist im Verhältnis zur Breite des Fußes geringer. Auch hier sind die einzelnen Zehngelenke eher als Grübchen denn als markante Knochenpunkte sichtbar. Auch die beim Erwachsenen markanten Sehnen sind noch nicht definiert.

Ein Kleinkind kann noch nicht laufen, also werden die entsprechenden Muskeln erst in den kommenden Lebensjahren trainiert und ausgeprägt. Noch ist alles rundlich geformt, selbst der Knöchel ist eingebettet in weiches Gewebe. Die Wölbungen und Übergänge in die nächste Form sind durch Riefen und Falten tief in den Babyspeck eingegraben. Bei Bewegungen verdichten sich die Speckröllchen, bei Dehnungen bleibt eine weiche Wölbung.

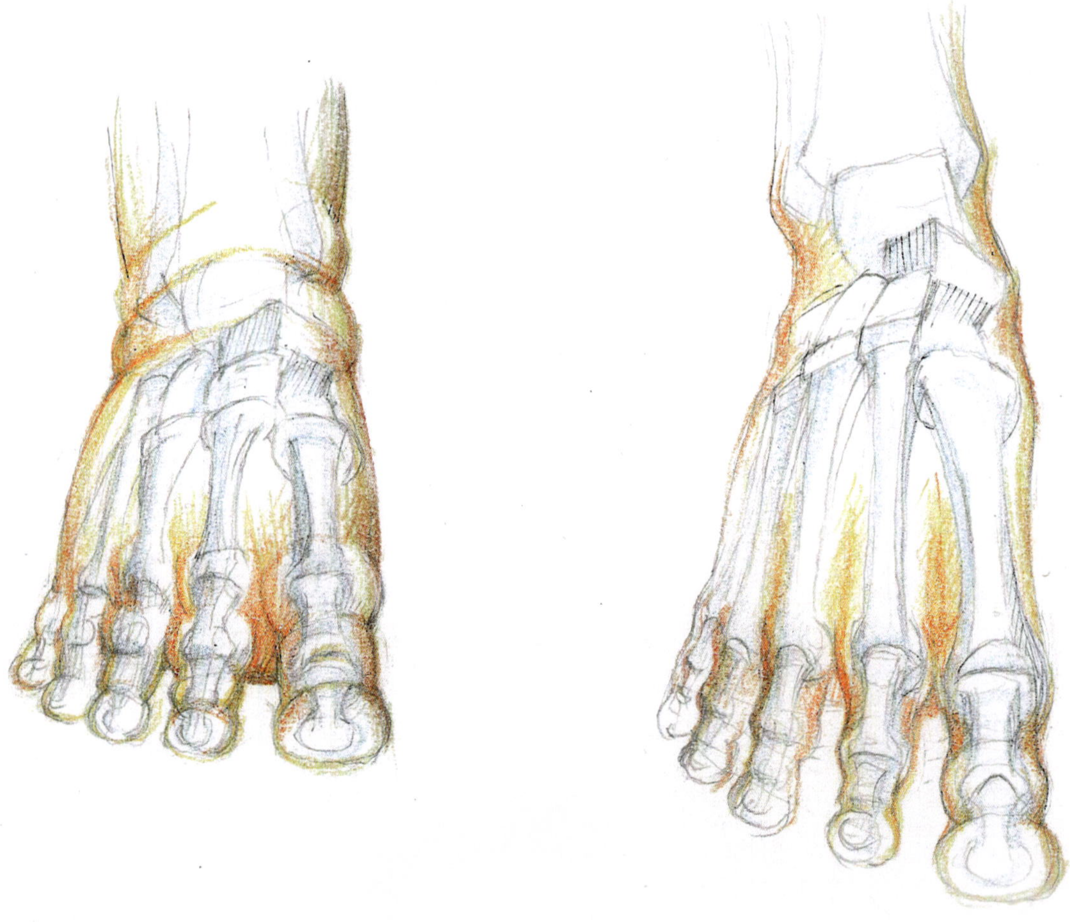

Fußskelett Kleinkind und Erwachsener im Vergleich

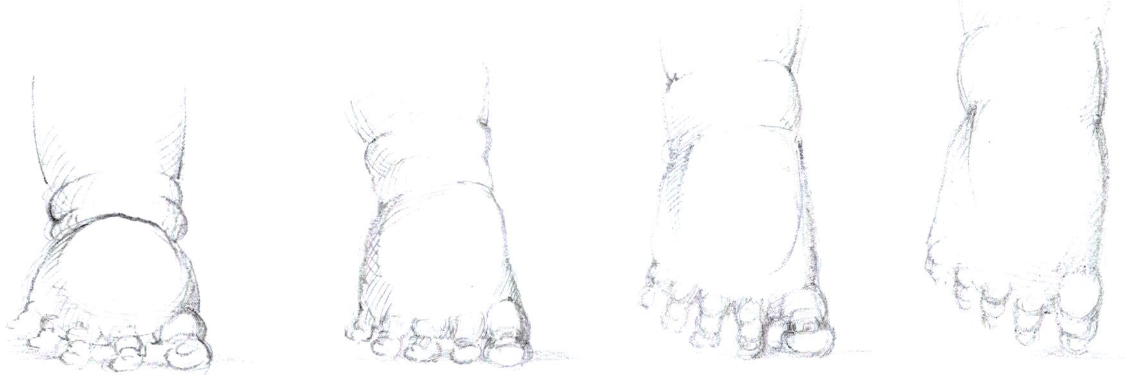

Kinderfuß frontal; im Verlauf nach rechts zunehmend nach oben gekippt

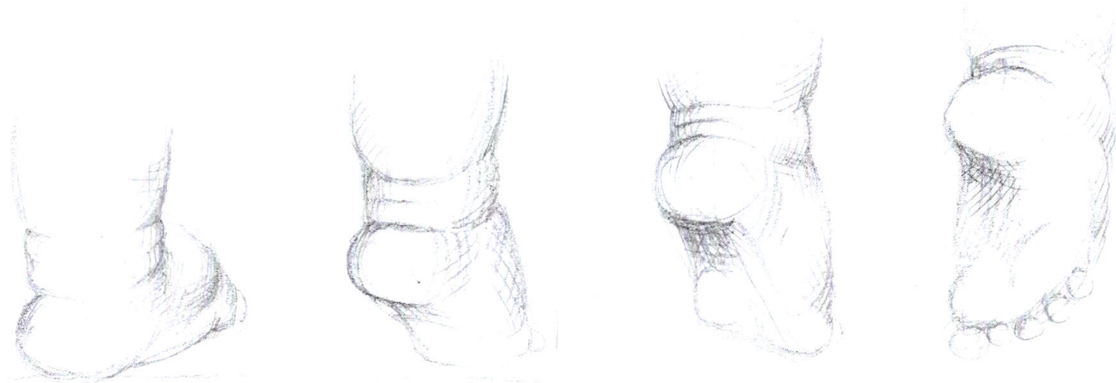

Kinderfuß von hinten; im Verlauf nach rechts zunehmend nach oben gekippt

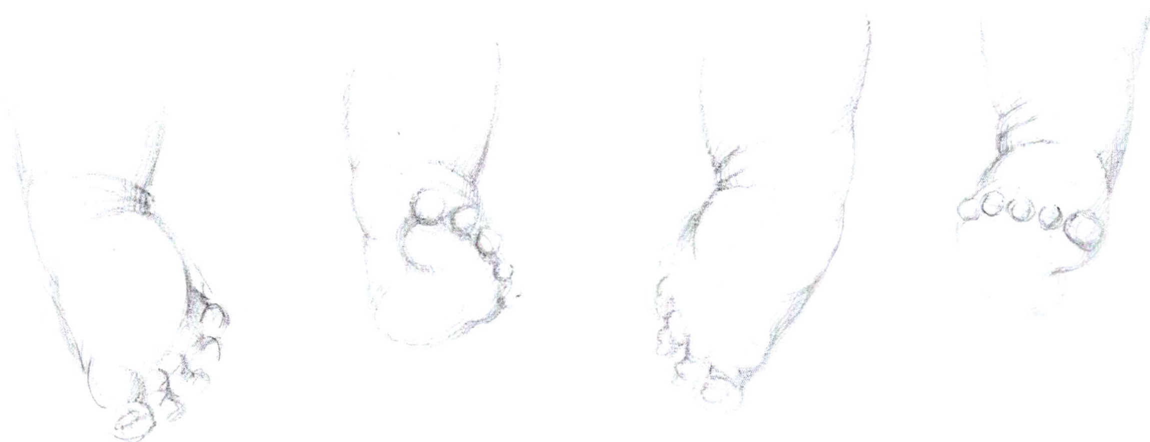

Kinderfuß nach rechts und links gekippt, jeweils Aufsicht und Untersicht

Hand und Fuß in Proportion zum Körper

Hände und Füße in ihrer Größe zum restlichen menschlichen Körper in ein richtiges Verhältnis setzen zu können, ist wichtig, damit die Zeichnung stimmig wirkt. Auch hier hilft eine schematische Darstellung.
Die waagerechte Mitte des gesamten Körpers verläuft ungefähr durch das Schambein, bzw. den Oberschenkelhals. Hier hat die Hüfte zugleich ihre breiteste Ausdehnung. Teilt man die untere Körperhälfte wiederum in der Hälfte, also in ein Viertel der gesamten Körperhöhe, erhalten wir die Höhe der Knie. Dieselbe Distanz von der Hüfte nach oben ergibt ungefähr die Brusthöhe. Diese vier Viertel können wir jeweils noch einmal teilen, sodass Achtel entstehen. Ein Achtel entspricht in etwa der Länge sowohl des Kopfes als auch der Hand.
Der Kopf ist allerdings meist etwas größer bemessen als ein Achtel, also eher ein Siebtel. In anderen schematischen Zeichnungen passt er daher siebenmal in die Gesamtlänge des ausgewachsenen menschlichen Körpers. Dabei spricht man vom **„7er-Kanon"**.
In der Kunstgeschichte wurde dieser Kanon der normalen menschlichen Proportion gern variiert. In der Renaissance z.B. wurde zu Gunsten eines bewegt-eleganten Ausdruckes bewusst der Kopf im Verhältnis kleiner gehalten, um durch die durch Überlängung gesteigerten Maßverhältnisse eine grazilere Ausdrucksweise zu erreichen. Im Gegensatz dazu war in Darstellungen der Romanik ein überproportional großer Kopf die Norm, was durchaus symbolische Gründe hatte: Durch die Übergröße sollte der Blick des Betrachters auch auf die inhaltliche-philosophische Aufgabe des Kopfes gelenkt werden, die des Denkens, und seine Rolle als Träger des Geistes betont werden.
Beim Größenverhältnis der Hände in Relation zum restlichen Körper verhält es sich ähnlich, denn auch sie haben eine symbolische Bedeutung: Sie stehen für den Willen und die Geste im künstlerischen Ausdruck.
Abgesehen von den kunsthistorischen Interpretationen gibt es natürlich individuelle Unterschiede in der realen Anatomie eines erwachsenen Menschen. Langgliedrige Menschen neigen auch zu langgliedrigen Händen und kurzgliedrige zu entsprechend kleineren Händen. Kinder haben im Vergleich zu ihrer Kopfgröße kleine Hände und Finger. Der Kopf ist der Teil eines Menschen, der im Verhältnis zu allen anderen Körperteilen im Laufe der Entwicklung am wenigsten wächst.
Auch die Evolution hat im Laufe der Entwicklung der Menschheit durch ihre Anpassung an die jeweiligen Umweltbedingungen Unterschiede hervorgebracht. So ist ein Massai als ein Nomade und Steppenbewohner gezwungen, lange Strecken zurückzulegen und sein langgliedriger Körper ist dafür bestens angepasst. Ein Eskimo, wie alle dem nördlichen Polarkreis angepassten Warmblüter, hat wiederum eher gedrungene, kleine Gliedmaßen, um Erfrierungen zu vermeiden.
Daher ist die Abbildung der Längenverhältnisse nur als allgemeines Schema zu sehen, das die Proportion des gesamten Körpers bis hin zu Hand und Fuß im Verhältnis sieht.

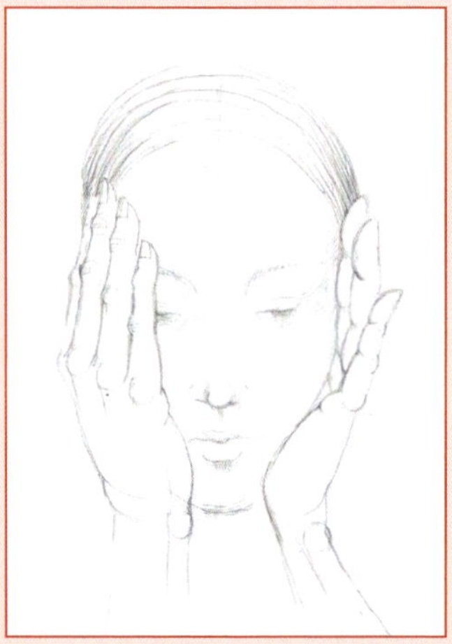

Kopf im Verhältnis zur Hand: Hier sind Kopf und Hand detailliert im Vergleich abgebildet. Setzen wir das untere Ende der Handfläche, also den Handballen, an das Kinn und strecken dann die Finger gerade aus, berühren die Fingerspitzen die Mitte der Stirn. Probiere es an dir selbst aus und gleiche es jeweils am zu zeichnenden Modell ab.

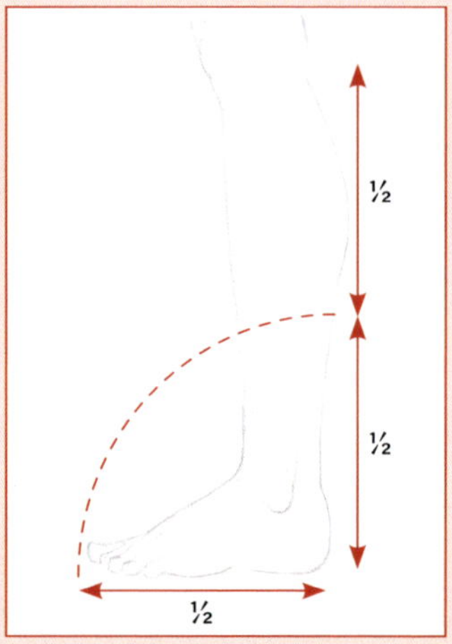

Fußlänge im Verhältnis: Hier sieht man einen Fuß im Verhältnis zum Unterschenkel bis zum Knie. Die Länge des Fußes entspricht etwa der halben Länge des Unterschenkels (von der Stelle, an der die Achillessehne in die Wadenmuskulatur übergeht, bis zum Knie). Die Länge des Fußes entspricht ca. einem Achtel der gesamten Körperlänge.

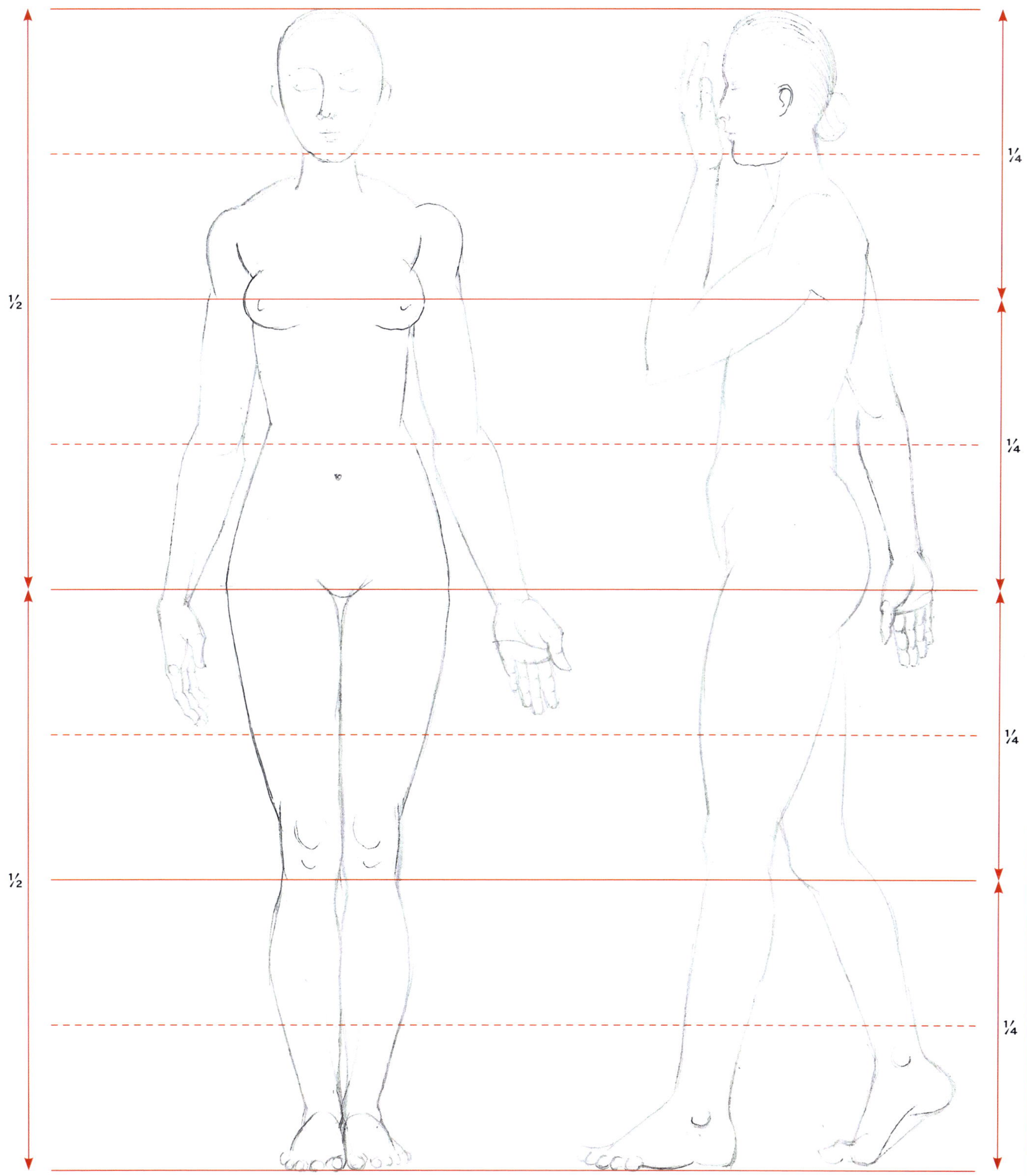

schematische Darstellung der Proportion

Sitzender Akt mit verschränkten Armen

Schon beim ersten Anblick des Aktes erkennen wir eine Dreiviertelansicht. Die Hände liegen mittig vor dem Körper und locker auf dem Schoß des Modells. Die Sitzhaltung ist entspannt, die Person wirkt nachdenklich.
Folgen wir der Mittellinie des sitzenden Körpers, erklärt sich auch die gesamte räumliche Ausrichtung der beiden ineinander gefalteten Hände. Der Handrücken der rechten Hand des Modells (von uns aus gesehen links) ist stark verkürzt auf uns ausgerichtet, die Finger folgen dieser Perspektive. Bei der linken (von uns aus gesehenen rechten) Hand haben wir eine sich leicht verkürzende Aufsicht. Die einzelnen Finger greifen jeweils in die Finger-Zwischenräume der anderen Hand.

In dieser Zeichnung richtet sich der Blick durch die Komposition automatisch als Erstes auf die Hände. Sie liegen zentral und unser Auge wird dabei zudem von den Linien der ansetzenden Arme sowie der Linienführung der Beine unterstützt.
Die Hände sind ineinander verschränkt, das vordere Bein ist so abgewinkelt, dass wir die Fußsohle von unten sehen. Der andere Fuß liegt stark abgewinkelt auf dem Boden auf. Hier haben wir es bezüglich der Füße mit gänzlich unterschiedlichen Ansichten und damit Perspektiven zu tun. Darüber hinaus haben wir den Unterschied zwischen einem locker aufliegenden und einen schräg abgewinkelten, auf der Ferse aufgestellten Fuß.

Linker Fuß

Zunächst widmen wir uns dem auf der Ferse aufgestellten rechten Fuß dem Modells. Durch die Ansicht fällt der Blick sowohl auf die Fußsohle als auch auf die Fußaußenseite mit dem Fußknöchel.

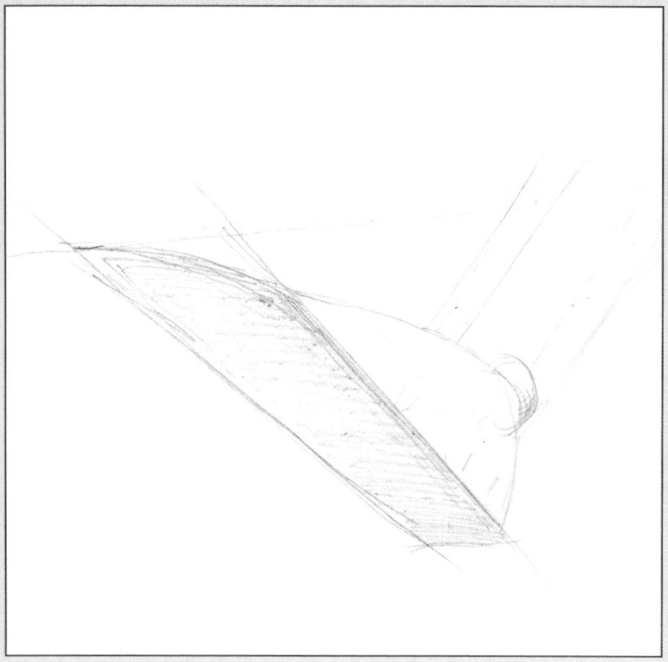

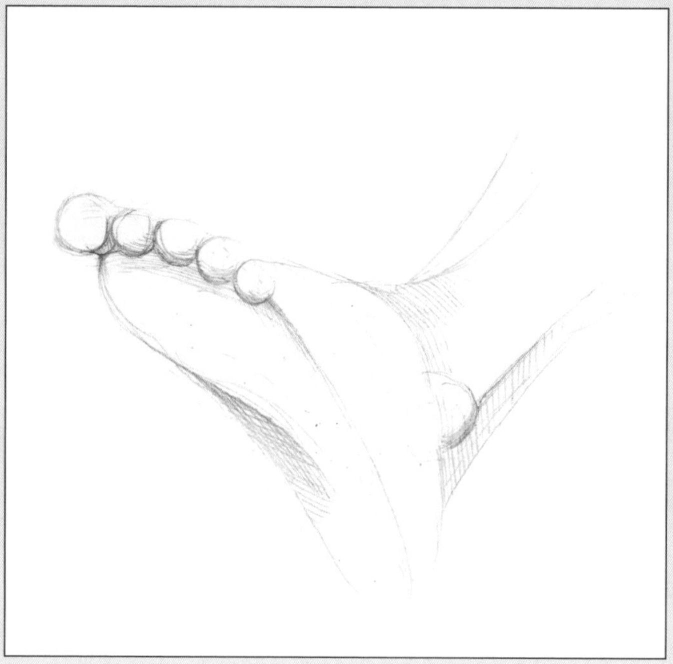

1 Perspektivische Ausrichtung

Kläre zunächst für dich, in welchem Winkel der Fuß aufgesetzt ist. Dann kannst du in die Tiefe des Raumes, in die Perspektive, gehen. Der Fußrist ist von unten zu sehen, er überlagert durch sein Volumen den äußeren Knöchel. Hier besteht also eine Untersicht und das Fußgewölbe ist in einer perspektivischen Verkürzung zu sehen.
Die Zehenreihe bildet die (gedachte Kante) zum oberen Fußriss, der hier nur verkürzt, also leicht überlagert, sichtbar ist. Da der Fuß locker gehalten wird, ist ein leichter eleganter Bogen der Übergang zum Bein. Er gibt dem Gesamtbild einen in die Raumtiefe gehenden Schwung.

2 Geometrisierung

Wenn du das festgelegt hast, gehe wieder in die Vereinfachung der Geometrisierung.
Wenn du die Kante der Zehenreihe weiterdenkst, ergibt sich die Trennung zwischen oberer und unterer Seite. Die untere Seite ist die des Gewölbes, der Fußsohle, und oberhalb dieser Kante befindet sich der Fußrist. Das Gewölbe ist stark verkürzt, die Zehen und die Fußballen treten durch das Kippen des Fußes groß hervor, während die Ferse in dieser „Hügellandschaft“ weit zurücktritt.

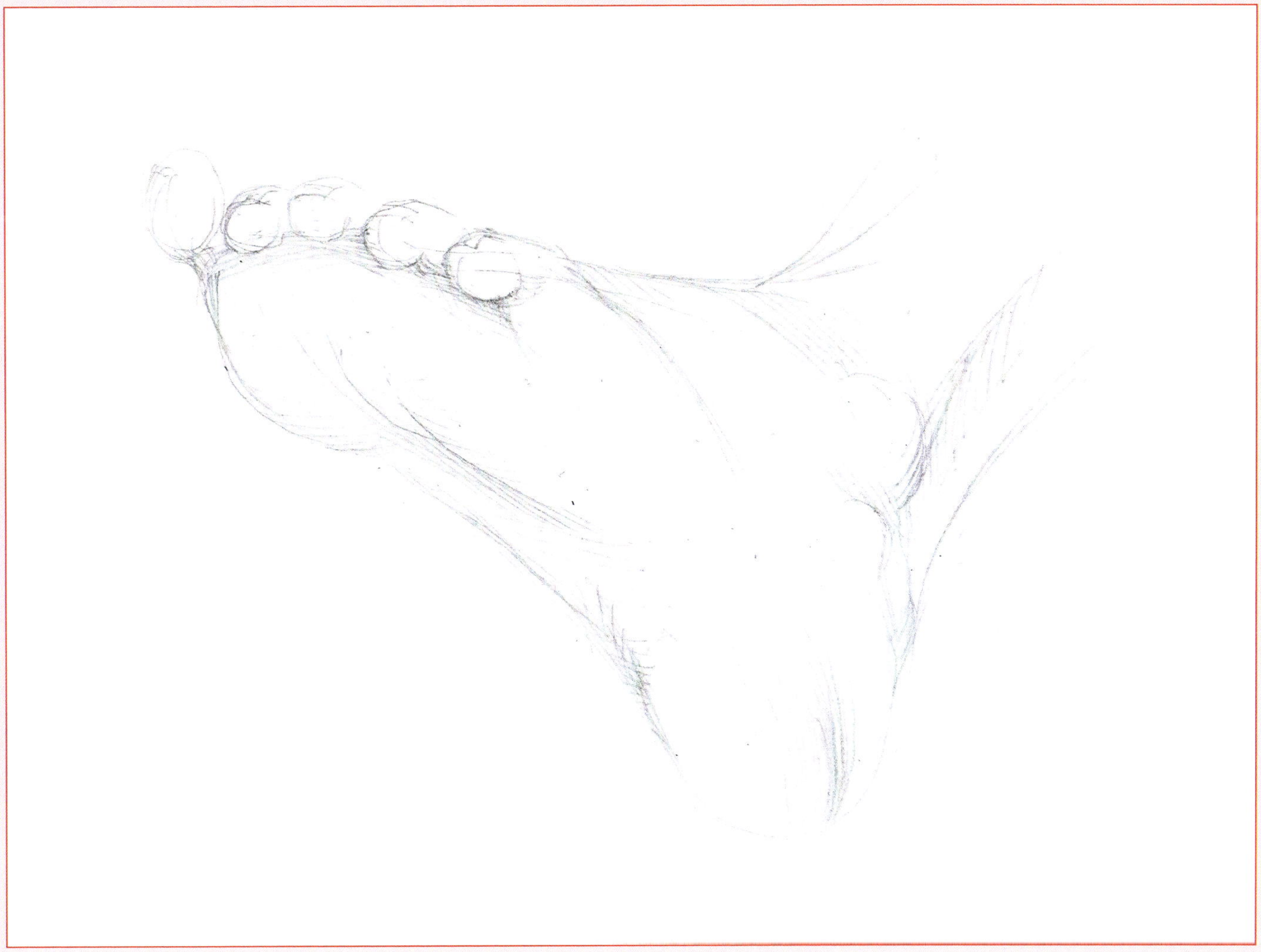

3 Realistische Darstellung

Füge in der realistischen Darstellung noch Schraffuren und leichte Schattierungen hinzu, um den Charakter der weich fließenden Formen herauszuarbeiten. Die gerade noch sichtbare Wölbung der Zehennägel gibt dieser Zeichnung eine realistische Note und unterstreicht zudem noch die runde Form der Zehe, da diese den Querschnitt umschreibt.

Da wir es hier sowohl mit einer Unter- als auch der Oberseite des Fußes zu tun haben, aber trotzdem den Fuß als Ganzes zeichnen wollen, sollten die Übergänge zwischen beiden Seiten weich ineinanderfließen. Daher darf es keine harte Abgrenzung, z.B. in Form einer durchlaufenden Linie entlang der Zehenreihe hin zur Ferse, geben. Aus diesem Grund bleibt der Linienführung der äußeren Fußkante leicht und zart. Die Überschneidungen, ausgehend von den Details wie Zehenreihe und Ferse sowie die Wölbungen an der Unterseite des Fußes, ermöglichen die überzeugende Darstellung des Fußes.

Rechter Fuß

Hier haben wir es mit einer auf dem ersten Blick extremen, aber im Alltag beim Sitzen doch recht häufigen Haltung eines Fußes zu tun. Das starke Abknicken des Fußes vom Bein aus kommt oft zustande, wenn das Modell sitzt und der Fuß ohne Belastungen einfach auf der Grundfläche „abgelegt" wird.

Der Mittelfußknochen verschiebt sich. Dabei tritt er an der Außenseite des Fußes hart und kantig hervor, während sich Fußinnenseite in Richtung des Schienbeins verschiebt. Der Sehnenverlauf bildet vom Schienbein ausgehend über den Fußrist bis hin zum großen Zeh eine der Bewegung folgend harte Kante.

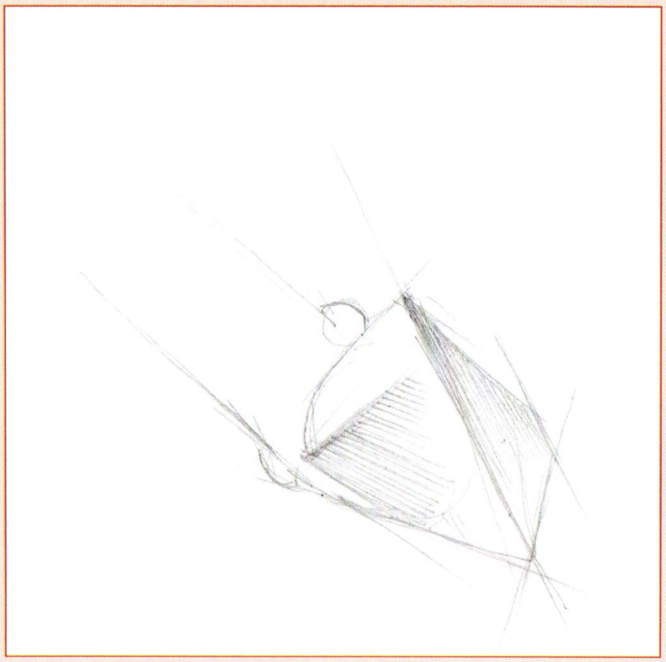

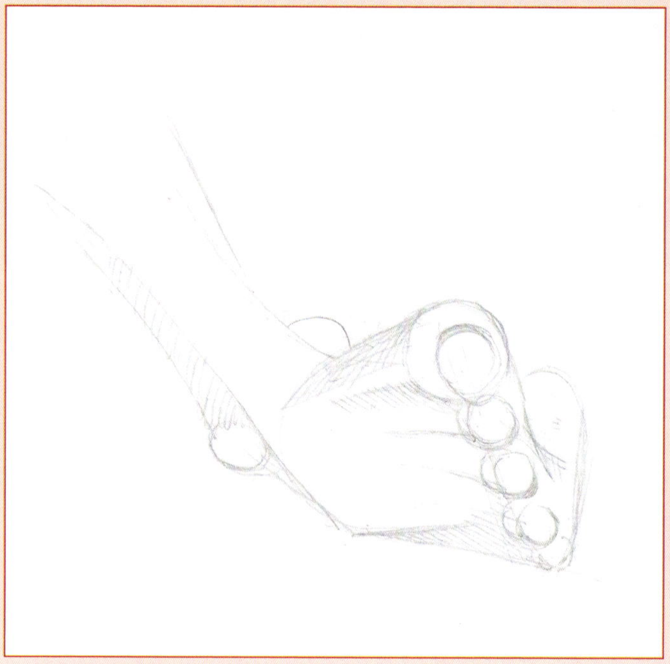

1 Perspektivische Ausrichtung

Dieser Fuß ist stark vom Unterschenkel abgeknickt und kommt direkt frontal auf den Betrachter zu.
Hier werden durch die Zentralperspektive die starke Verkürzung der Trapez-Form und die Höhe des Fußristes besonders deutlich. Daher musst du den Ansatz des Beines mitzeichnen, denn der Knöchel zeigt bereits die starke Knickung zwischen Fuß und Bein.

2 Geometrisierung

Wenn du diesen Ansatz zu Papier gebracht hast, kannst du wieder in die Vereinfachung kommen. Stelle die Gelenke der Zehenreihe als Kugeln dar und zeichne die nach hinten führenden Überschneidungen zwischen vorderem Fußballen und der hinteren Ferse.

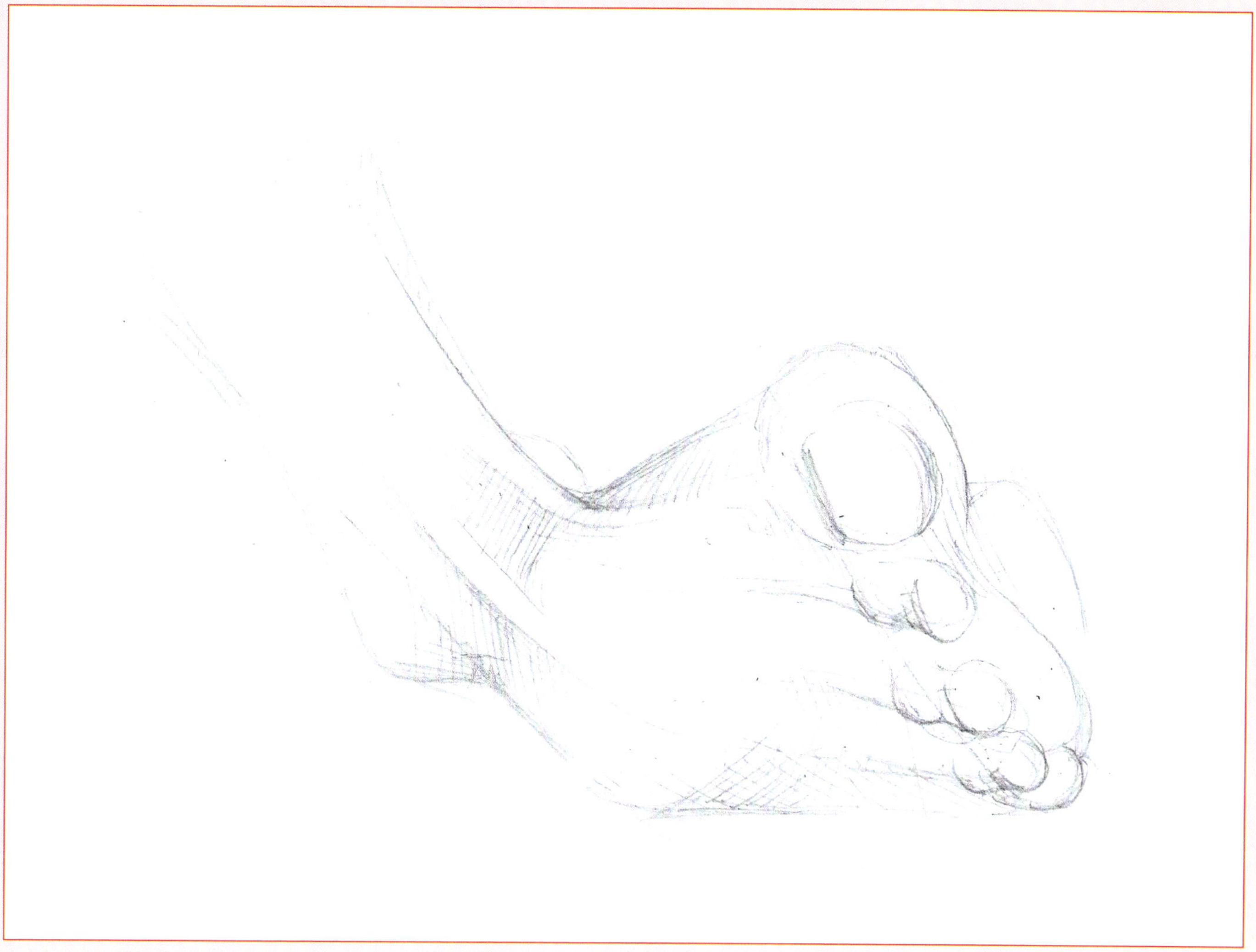

3 Realistische Darstellung

Setze in der realistischen Zeichnung noch den in dieser Pose ausdrucksstarken Sehnenverlauf der Zehnstrecker dazu. Er macht den starken Winkel zwischen Bein und Fuß glaubwürdig und überzeugend. Auch die leicht angedeuteten Fußnägel geben einen realistischen Akzent. Ohne den schlüssigen Zusammenhang zwischen Bein, Unterschenkel und Knöchel wird dir auch keine überzeugende Zeichnung gelingen. Der Übergang, also der flüssige Formverlauf durch das Schienbein, ist hier von überaus großer Wichtigkeit, denn er bildet den Zusammenhang zwischen Bein und Fuß und gibt diesem auch zeichnerisch den richtigen „Schwung".

Verschränkte Hände

Sich kreuzende, ineinandergreifende Hände sind immer eine Herausforderung.
Die Hände sind fest ineinander verschränkt, überlagern sich teilweise und sind deshalb nur zum Teil für uns sichtbar. Trotzdem müssen sie unbedingt in ihrem funktionalen Zusammenhang gesehen werden, um sie zeichnerisch überzeugend darstellen zu können.

Eine zusätzliche Schwierigkeit liegt darin, dass die Hände in dieser Zeichnung nicht frontal (also symmetrisch) gesehen werden, sondern in einer leichten Dreiviertelansicht. Dies hat ebenfalls Auswirkungen auf die Ausrichtung der Fingerreihen.

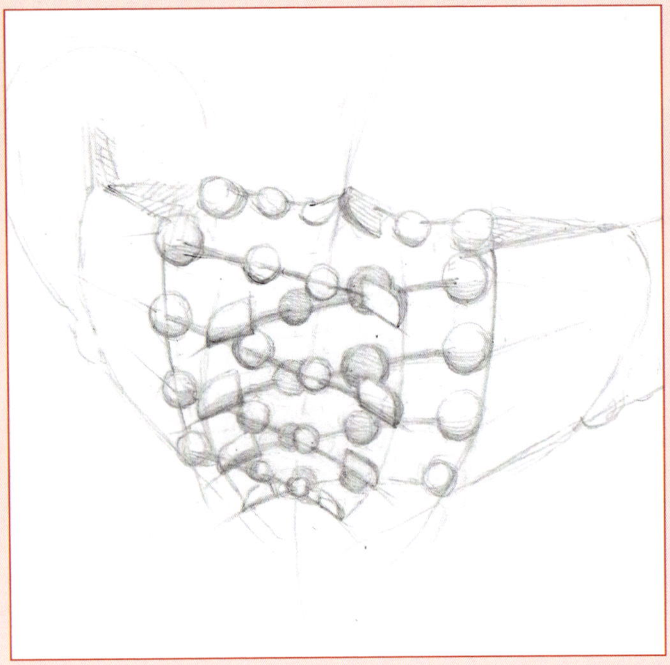

1 Perspektivische Ausrichtung

Auch hier erfolgt erst einmal die Klärung der Perspektiven beider Hände. Dabei ist der gedankliche Vergleich mit einem Fächer hilfreich: Die Finger spreizen sich in gerader Linie, wobei der Mittelfinger der längste und der kleine Finger der kürzeste ist. Beachte die leichte räumliche Biegung dieses Fächers, denn die Hände liegen nicht gerade nebeneinander, sondern sind in einer leichten Wölbung angeordnet. Diese beiden gewölbten Fächer greifen ineinander und in jeden Zwischenraum greift ein Finger der gegenüberliegenden Hand.
Wenn du diese Linien festgelegt hast, setze die Halbkugeln für die Gelenke an. Der Handrücken ist ein in die räumliche Verkürzung gekrümmtes Trapez, die Daumen weisen zum Körper des Modelles.

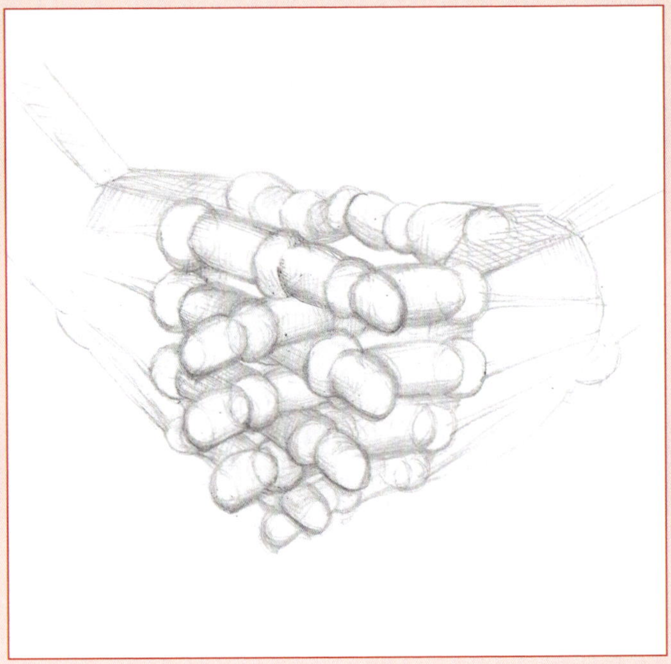

2 Geometrisierung

Die Abstände zwischen den einzelnen Gelenk-Halbkugeln bestimmen die zylindrischen Volumina der betreffenden Fingerglieder. Beachte dabei, welches Fingerglied auf den Betrachter zukommt und welches sich in Richtung Handfläche verjüngt.
Probiere das während des Zeichnens ruhig einmal mit den eigenen Händen aus. Verschränke sie ineinander und betrachte sie aus mehreren Blickwinkeln.

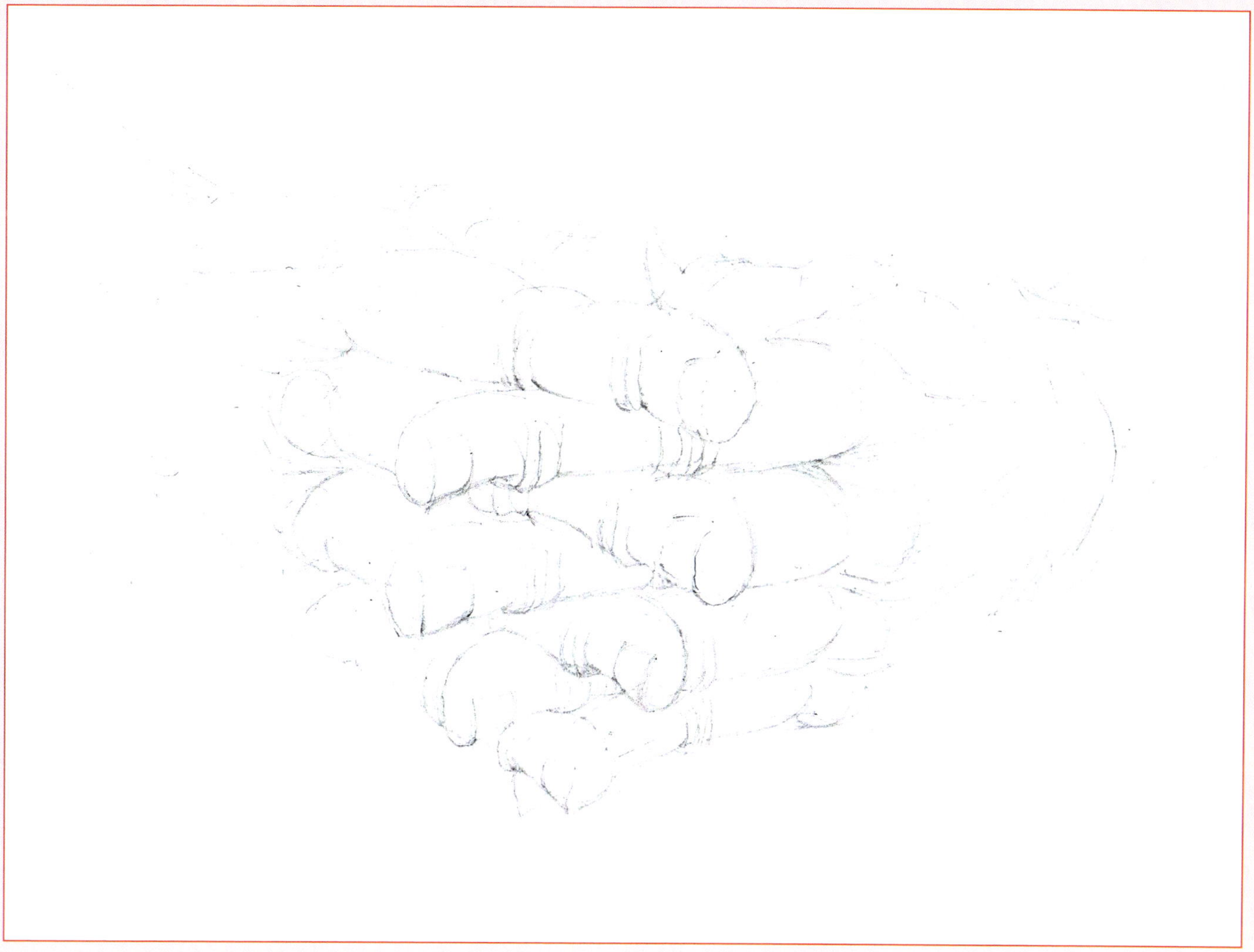

3 Realistische Darstellung

Wenn du hier angelangt bist, hast du das Schwierigste dieser Pose, nämlich die Perspektiven und die vereinfachte Ausrichtung der einzelnen Finger, schon geschafft. Zur realistischen „Ausschmückung“ kommen nun die Details hinzu, wie Falten am Gelenk, die Form der Fingernägel und die weiter zum Handrücken führenden Fingersehnen. Du wirst erstaunt sein, mit wie wenigen grafischen Mitteln eine realistische Wirkung erreicht werden kann.

Diese Handhaltung ist ein sehr gutes Beispiel dafür, wie ausschlaggebend die **Vorarbeit**, die Beschäftigung mit der Perspektive usw. sein kann. Je intensiver und öfter du dich damit befasst, desto sicherer wirst du. Mit der Zeit wiederholen sich die Dinge und mit jedem Male verdichtet sich deine Erkenntnis.

Liegender weiblicher Akt

Das Modell liegt perspektivisch leicht schräg im Raum. Der von uns aus gesehen linke Fuß streckt sich weg, also sehen wir ihn von oben. Der rechte ist auf uns ausgerichtet, auch ihn sehen wir von oben. Die linke Hand liegt locker auf dem Körper des Modells, die rechte hängt halb schräg nach unten vom Podest.
Der gesamte Körper liegt in einer räumlich starken perspektivischen Verkürzung. Aus diesem Zusammenhang heraus widmen wir uns wieder den dazugehörigen Händen und Füßen. So ist der vorn aufliegende Fuß (im Verhältnis zum anderen und zum gesamten Körper) als besonders groß und dominant zu sehen und es entsteht eine räumliche Tiefenwirkung.

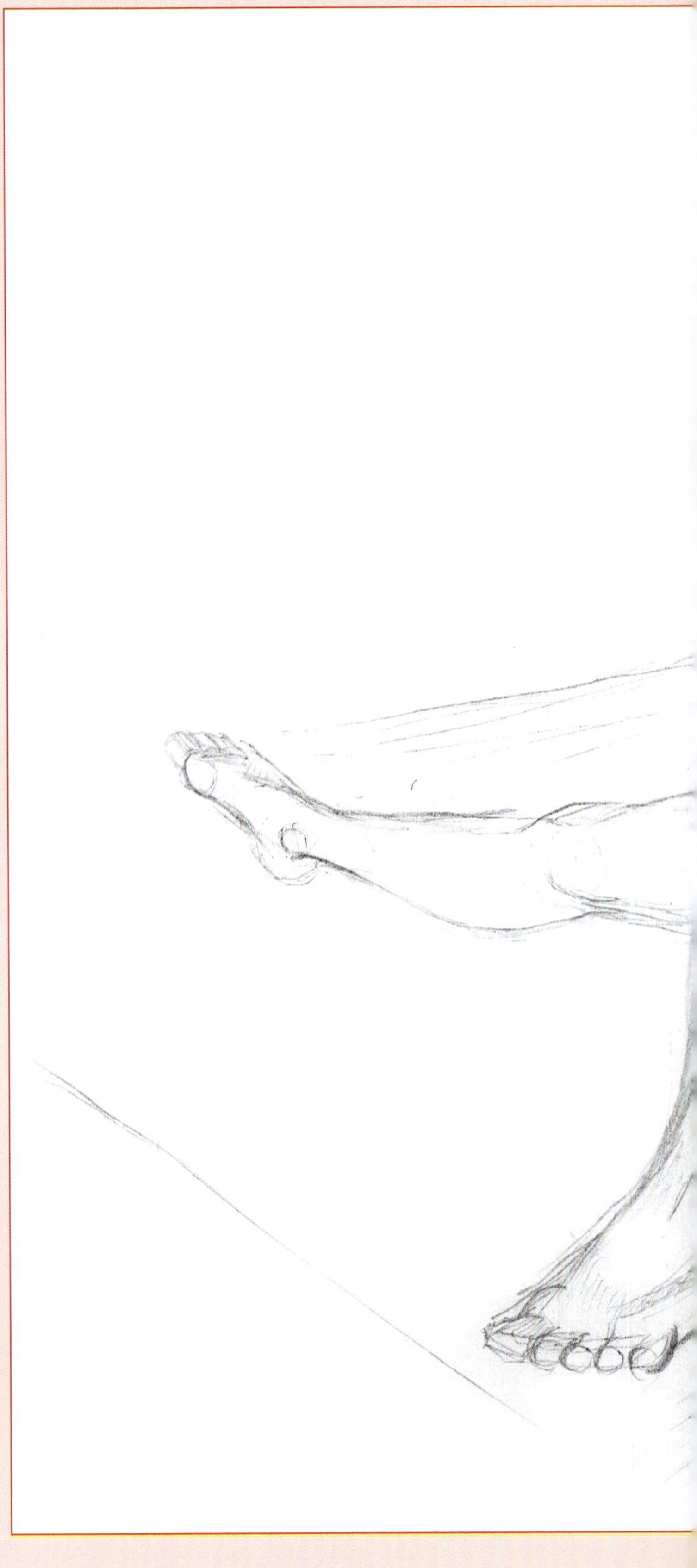

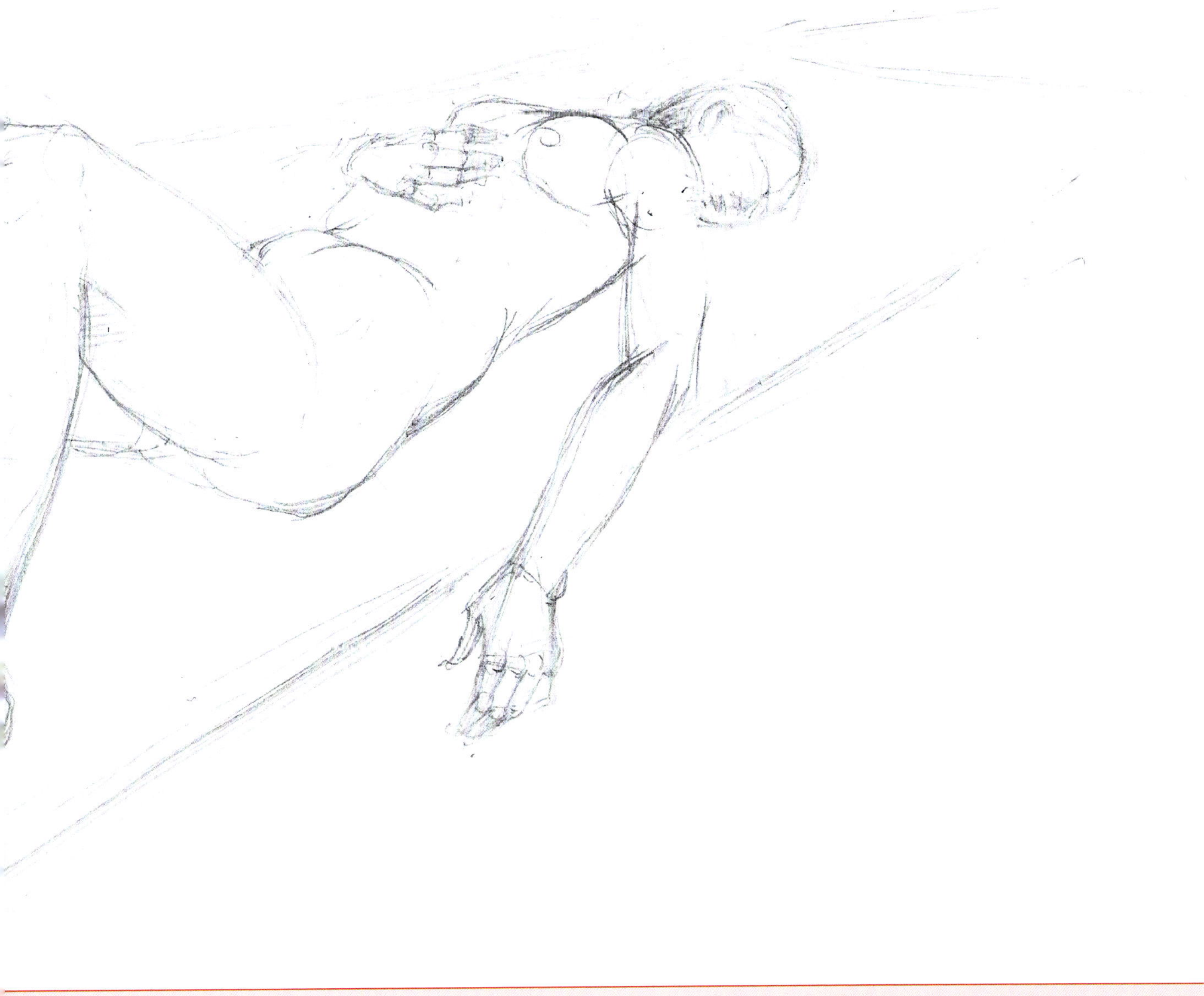

Rechter Fuß

Hier liegt der Fuß auf dem Podest, also der Fläche, auf der das Modell ruht, gestreckt auf. Er streckt sich von unserem Blickwinkel aus gesehen leicht weg und verkürzt sich dem entsprechend. Wir schauen von oben, die Innenseite des Fußes ist uns zugewandt, also sehen den Fußriss auch von oben. Durch den Ansatz des Beines bleibt dieser aber leicht verdeckt. Der Halbkreis der Zehenreihe verkürzt sich in dieser Ansicht so, dass die kleineren Zehen kaum noch sichtbar sind. Der große Zeh ist hier noch fast vollständig zu sehen, von den daran anschließenden Zehen sind nur noch die Wölbungen der Gelenke erkennbar.

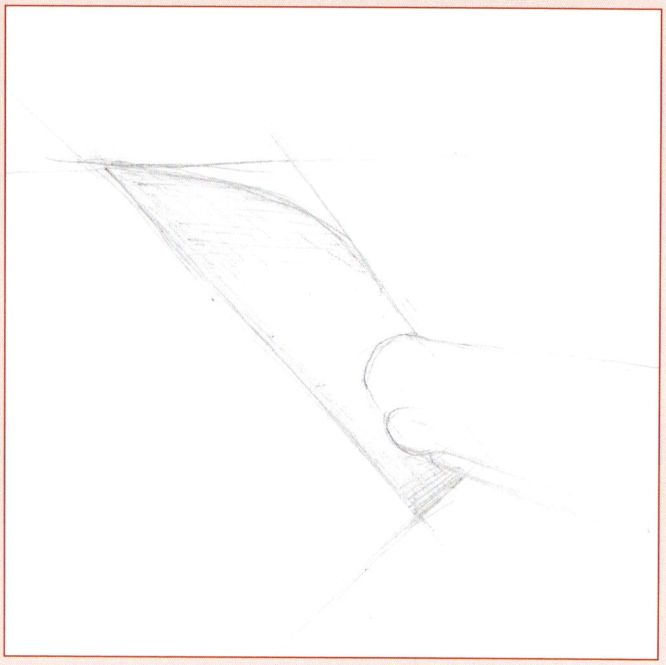

1 Perspektivische Ausrichtung

Wie bereits erwähnt, haben wir es hier mit einer leichten Draufsicht zu tun. Der Fuß liegt locker gestreckt auf dem Podest. Suche zunächst die perspektivische Richtung des Beines, die dann auch den Ansatz des Fußes ergibt. Das Trapez des Fußes liegt leicht (vom Körper des Modells) weg gekippt, du siehst von oben auf die Fußoberseite.
Es ist hierbei von Vorteil, die gesamte räumliche Situation, in diesem Falle das Podest, mit im Blick zu behalten. Dadurch fällt es leichter, aus der gesamten Situation auf das Bein und dann auf den Fuß zu schließen.

Tipp: Hier kannst du wieder den Zeichenstift als Denkhilfe parallel zu Bein und Fußwinkel anhalten und ohne zu verkürzen parallel auf das Blatt halten.

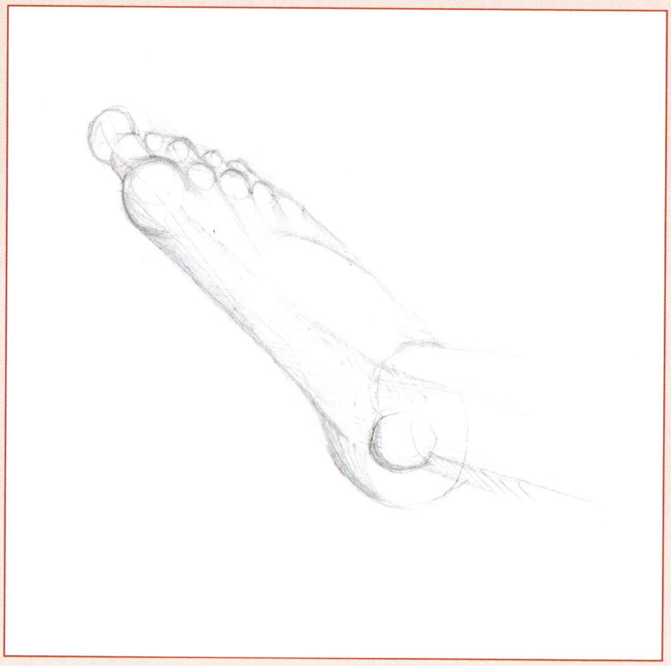

2 Geometrisierung

Gehe nun weiter zur Vereinfachung. Das Trapez ist räumlich so positioniert, dass sich die Zehenreihe optisch allmählich verkürzt und daher der kleine Zeh nicht mehr sichtbar ist.
Stelle bei der Vereinfachung wieder den Knöchel als Halbkugel dar, diesmal von oben betrachtet. Der Fußrist ist aus dieser Perspektive eine starke Wölbung und überlagert die Silhouette bis hin zur äußeren Fußkante. Die Gelenke der Zehenreihe werden ebenfalls als Halbkugeln verdeutlicht. Die Ferse liegt an der Fußunterseite, stark verkürzt und kaum sichtbar.

3 Realistische Darstellung

In der realistischen Darstellung fallen die markanten Sehnenverläufe ins Auge. Vom Schienbein ausgehend verlaufen sie über den Fuß bis zu den einzelnen Zehen und ergeben damit eine elegante wie logische Verbindung vom Schienbein hin zu dem gestreckten, locker aufliegenden Fuß.

Da sich die Perspektive von unserem Betrachtungswinkel weg bewegt, sind die Zehen nur verdeckt und in der „Ferne" zu sehen. Bedingt durch den perspektivischen Verlauf tritt hier der Knöchel groß und deutlich hervor. Die von oben gesehene Ferse wird überdeckt von Knöchel und Wade. Die Überschneidungslinien zwischen Mittelfuß und Ferse geben auch hier diesem Gewölbe eine gewisse Räumlichkeit.

Linker Fuß

Hier sehen wir nun den linken Fuß des Modells, der auf dem Podest aufsteht. Fuß und Unterschenkel befinden sich in einem schrägen Winkel zum Untergrund, das linke Bein ist angewinkelt aufgestellt.

In dieser Ansicht sind wieder die Zehenstrecker ein wichtiges Element. Sie verlaufen fächerartig von den Zehen über den Fußrücken nach oben.

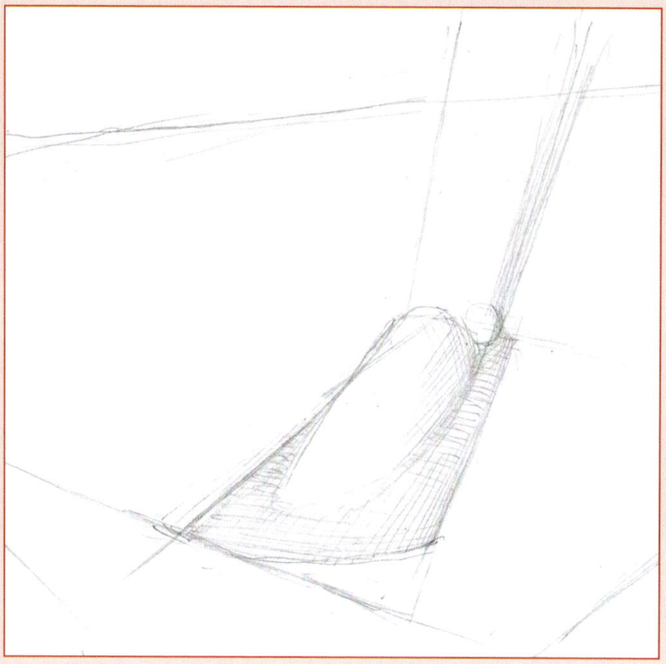

1 Perspektivische Ausrichtung

Hier steht das Trapez des Fußes auf der Fläche des Podestes und kommt fast direkt und mit eindeutiger Aufsicht auf den Betrachter zu. Der Halbkreis der Zehenreihe ergibt sich aus der perspektivischen Konstruktion dieses Grundrisses. Die Ferse bleibt nur im Ansatz sichtbar.

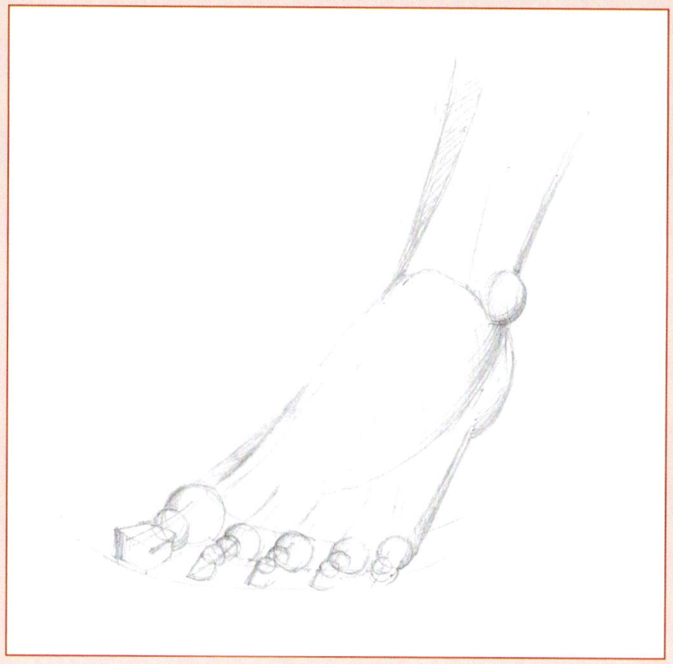

2 Geometrisierung

Füge nun diesem Grundriss wieder die vereinfachten geometrischen Formen hinzu.
Die Wölbung des Fußristes ist von dieser Ansicht so deutlich, dass seine Kontur hoch bis zum Schienbein verläuft und dort fast in dieses übergeht. Die einzelnen Zehengelenke sowie Zehen sind in dieser Position alle gut sichtbar.

3 Realistische Darstellung

In der realistischen Darstellung kannst du die Sehnenverläufe grafisch reizvoll mit einbeziehen. Durch die verbindenden, den gesamten Bereich überspannenden Zehnstrecker ist hier der gleitende Übergang von Fuß in Schienbein besonders schön sichtbar. Dies verleiht dem Fuß die ihm selbstverständliche Eleganz. Auch die im Vordergrund liegende Zehenreihe mit ihren einzelnen harten Knöcheln der einzelnen Zehen, ja selbst die Zehennägel, bieten hier reichlich Stoff für eine zeichnerische Ausschmückung. So kann die halbrunde, sichelförmige Form der Zehen betont werden.
Arbeite dabei außerdem grafisch wichtige Unterschiede, z.B. zwischen den Nägeln der kleinen Zehen und dem großen Zehe, heraus.

Rechte Hand

Die linke Hand des Modells liegt entspannt auf dem Brustkorb. Durch diese Haltung ohne jegliche Anspannung sind die Finger leicht gekrümmt, der kleiner Finger ist etwas abgespreizt. Um dies in der Zeichnung wiederzugeben, ist die Entwicklung der perspektivischen Darstellung wichtig, denn die Finger dürfen nicht ganz parallel ausgerichtet sein, damit der entspannte Ausdruck entsteht.

Hier kann man in der realistischen Darstellung durch die Überkreuzungs- und Querlinien sehr schön den Umfang der einzelnen Finger vermitteln! Dabei ist unbedingt zu beachten, dass sich der Umfang jedes einzelnen Fingers im Verlauf seiner Länge ändert: breiter am Ansatz an der Hand, schmaler zur Fingerspitze hin und an den Gelenken jeweils wieder breiter.

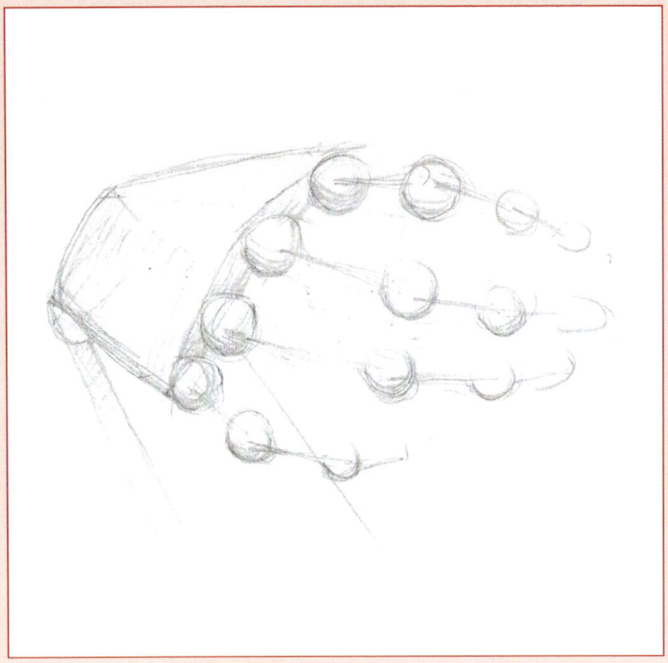

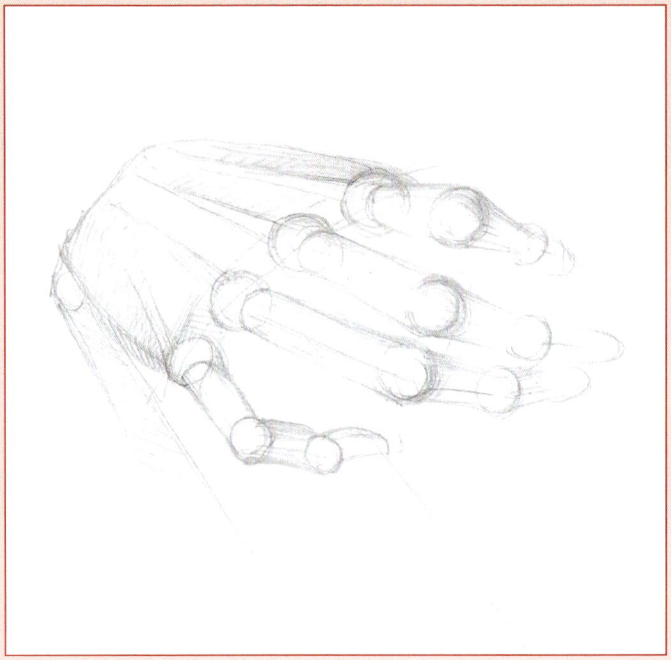

1 Perspektivische Darstellung

Durch die besondere Haltung kommst du in dieser perspektivischen Herangehensweise nicht umhin, auch den Unterarm mit einzubeziehen, obwohl er kaum sichtbar. Er gibt den Winkel vor, in dem sich dann die Hand entsprechend fortsetzt. Sobald du das Trapez des Handrückens, das in diesem Falle stark verkürzt auf dich gerichtet ist, festgelegt hast, kannst du die einzelnen Finger mit ihren Winkeln und Richtungen studieren. Der kleine Finger sowie der Zeigefinger sind am stärksten verkürzt, Ring- und Mittelfinger liegen dicht beieinander im gleichen Winkel. Der Daumen ist nicht zu sehen, da er räumlich überlagert ist.

Bis zum ersten Fingerknöchel sind die Finger nach vorn gerichtet, ab dem Gelenk gehen sie wieder leicht nach hinten.

2 Geometrisierung

In der geometrisierenden Zeichnung wird durch die zylindrisch-röhrenartige Vereinfachung der einzelnen Fingerglieder die Perspektive der Verkürzungen besonders deutlich. Der Durchmesser der „Röhre“ der einzelnen Fingerglieder wird größer, wenn sie dem Betrachter entgegenkommt, und wird kleiner, wenn sie sich vom Betrachter entfernt. Der Fingerknöchel ist dabei der am weitesten vorn liegende Punkt. Stelle dir also die Frage: Wie kommen die einzelnen Fingerglieder auf mich zu und wann treten sie zurück?

Hast du das erst einmal verinnerlicht und verstanden, fällt der Schritt zur realistischen Darstellung nicht mehr allzu schwer, denn du hast das Charakteristische dieser Handpose schon gezeichnet.

3 Realistische Darstellung

Die Sehnen der Fingerstrecker verlaufen strahlenförmig über den stark verkürzten Handrücken zum Handgelenk. Dies unterstreicht in dieser Pose noch die Perspektive. Die Faltenbildung um die Fingergelenke verdeutlicht den Querschnitt, also das Volumen der einzelnen Fingerglieder. Die Fingernägel unterstreichen die Wölbung jedes einzelnen Fingers.

Dadurch, dass die einzelnen Finger auf dem Körper des Modells aufliegen, folgen sie der Oberfläche des Körpers. Sie sind in diesem Zustand locker und entspannt, erfüllen also gerade keine Funktionen wie Greifen oder Abstützen, und liegen willkürlich und dem Ruhezustand entsprechend „relaxt“ auf. Dadurch ist der kleine Finger locker und entspannt von den anderen abgespreizt.

Linke Hand

Der Unterarm liegt auf der Liegefläche, die Hand hängt locker etwas herunter und kommt in dieser Fluchtlinie entsprechend auf den Betrachter zu.
Der Arm kommt aus dem Hintergrund auf uns zu. Auch die Hand entspringt dieser perspektivischen Ausrichtung. Aus der lockeren Pose des vom Podest herabhängenden Armes ergibt sich die leicht abgeknickte und entspannte Haltung der Hand.

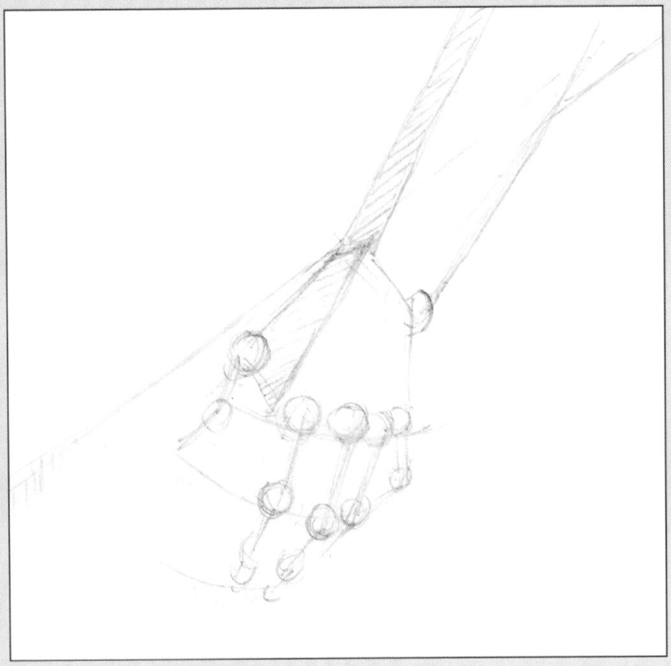

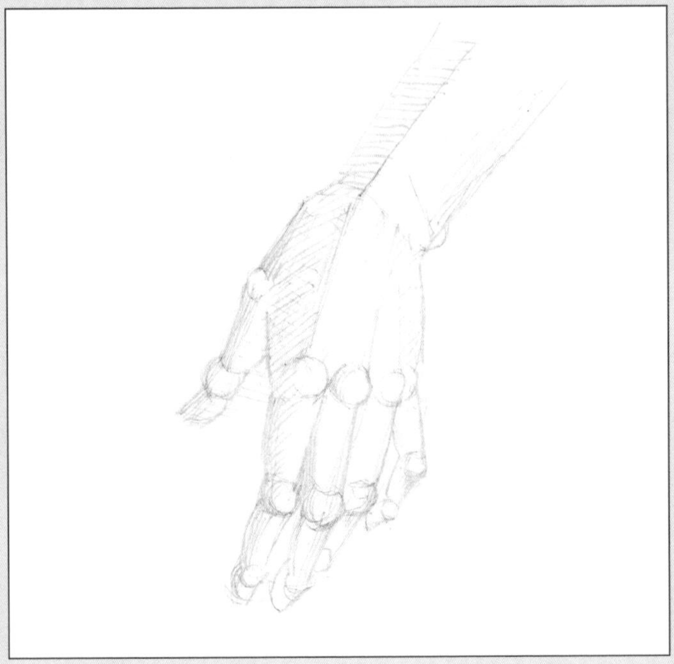

1 Perspektivische Ausrichtung
Hier wird durch den Ansatz des Unterarmes, unseres „Brettes", die Fluchtlinie der Perspektive sowie der Ansatz des Handrückens deutlich. Da die Hand ohne Anspannung herunterhängt, ist das Trapez des Handrückens sehr stark gewölbt und der Daumen zeigt in eine seitliche Richtung.
Lege zunächst das sich verjüngende Trapez fest und setze die Halbkugeln der Gelenke an den jeweiligen Ansatz der einzelnen Finger. Überlege anschließend, in welche Richtung die einzelnen Finger verlaufen. Beachte dabei ihre halbrunde räumliche Anordnung und setze an diesen Halbkreis an jedem Gelenk eine Halbkugel.

2 Geometrisierung
Aus dieser Perspektive ergibt sich: Der erste Fingerknöchel steht am weitesten nach vorn, die anderen (bis zur Fingerspitze hin) verkürzen sich nach hinten. Dies wird durch die Zugabe der einzelnen Volumina noch verdeutlicht: Die zu dir gerichteten Fingerglieder werden in ihrem Querschnitt größer, die nach hinten gehenden kleiner und dezenter.

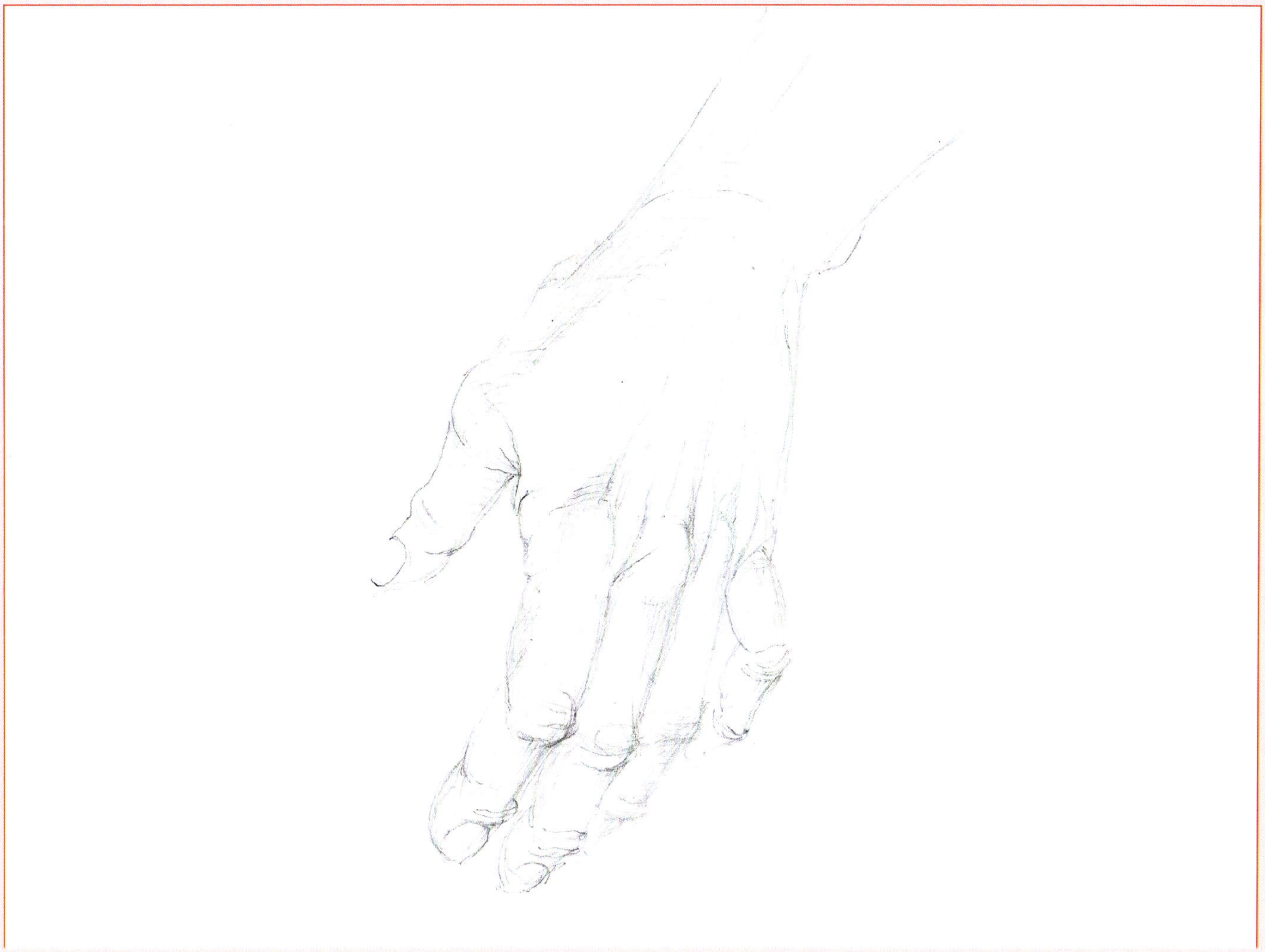

3 Realistische Darstellung

In der realistischen Darstellung kommen nun noch der grafisch reizvolle Verlauf der strahlenförmig verlaufenden Fingerstrecker sowie die Faltenbildung an den Oberseiten der Fingergelenke dazu. Auch der in eine andere Richtung liegende Daumen grenzt sich vom Handrücken durch spezifische Faltenverläufe ab.

Da die Hand locker herunterhängt, bleibt ihre Haltung leicht gewölbt. Der Daumen hat dadurch einen anderen räumlichen Winkel und liegt um etwa 90 Grad abgewandt von der Handfläche. Die mittleren Finger sind leicht gebeugt und der kleine Finger spreizt sich von den anderen etwas ab.

Stehender Akt mit Kugel

Bei dieser Rückenansicht siehst du beide Füße von hinten. Einer liegt flach auf dem Boden auf, der andere ist nach hinten abgewinkelt, wobei die Fußsohle leicht nach rechts gekippt ist. Die Zehen sind abgewinkelt auf dem Boden fixiert. Die linke Hand stützt sich in die Taille und sitzt dabei auf der Hüfte auf. Die andere Hand hält eine Kugel; die Finger umschließen sie, um sie festzuhalten. Aus dem Kontext des gesamten Aktes heraus widmen wir uns wieder den Händen und Füßen. Die eine Hand stützt sich in der Hüfte ab, also sehen wir sie perspektivisch von oben. Die andere hängt locker herab und umgreift die Kugel. Das Standbein (von uns aus gesehen das linke) trägt die gesamte Last des Körpers. Das andere, das sogenannte Spielbein, stellt sich locker und mit abgewinkelten Zehen daneben. Dieser Fuß trägt keine Last, er dient nur der Balance.

Da sich die Augenhöhe des Betrachters ungefähr auf Höhe des Oberschenkels des Modells befindet, besteht nach oben hin eine Untersicht, nach unten hin dagegen eine Aufsicht. Dadurch sehen wir den Schulterbereich mit dem Kopf von der Untersicht aus, während wir den Fuß des Standbeines von oben betrachten. Daher müssen wir beim Zeichnen als Erstes immer die gesamten Verhältnisse der Perspektive berücksichtigen, um dann ausgehend vom Großen folgerichtig zum Detail zu kommen.

Bei einem stehenden Modell haben wir es immer mit unterschiedlichen Perspektiven, der der Augenhöhe, der der Untersicht und der der Aufsicht zu tun.

Linke Hand

Beginne wieder mit der linken Hand, die sich auf der Hüfte aufstützt. Teilweise ist sie vom Unterarm verdeckt. Daher ist auch hier die Perspektive wieder sehr wichtig. Die einzelnen Finger spreizen sich weit auseinander. Sie liegen auf der Fläche, hier der Hüfte des Modells, fest auf. Ihre Anordnung wird durch den Formverlauf der Hüfte bestimmt. Wenn du diese Pose einmal frei, ohne Auflagefläche, versuchst, wirst du schnell feststellen, wie anstrengend das schon nach kurzer Zeit für deine Hand wird.

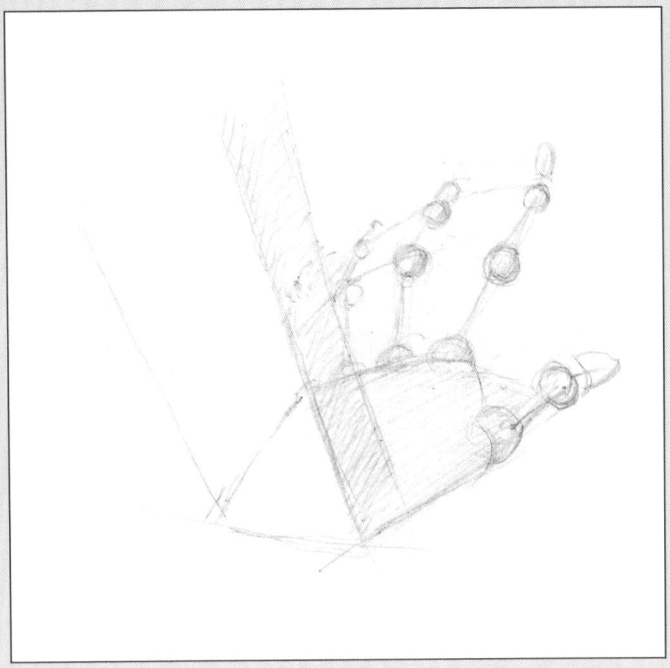

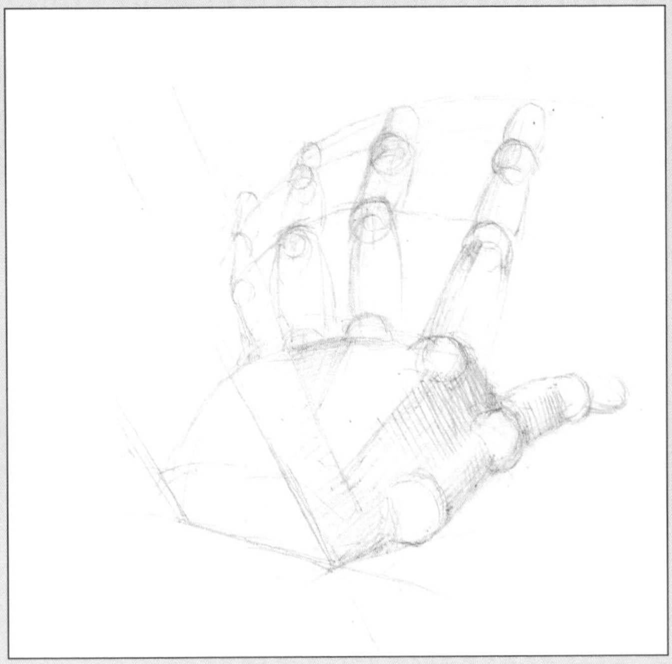

1 Perspektivische Ausrichtung

Halte einen Bleistift oder ein Lineal parallel zum Winkel des Unterarmes. Das gibt Sicherheit bei der Festlegung der Richtung. Der Unterarm wird auch hier wieder als Brett dargestellt. Das Trapez des Handrückens ist stark angewinkelt und dazu stark verkürzt.
Bestimme dann die Winkel der einzelnen Finger. Der Zeigefinger ist gestreckt und von Ring- und Mittelfinger abgespreizt, der Daumen spreizt sich ebenfalls.

2 Geometrisierung

Füge in der Vereinfachung wieder die Gelenke als Halbkugeln hinzu und achte dabei auf die räumliche Verkürzung der einzelnen Fingerglieder. Der abgespreizte Daumen liegt auf einer anderen Ebene als die restlichen Finger, denn die Hand umgreift das gerundete Volumen der Hüfte.
Der Ansatz des Unterarms ist ausschlaggebend für die Haltung der Hand. Käme er aus einer unlogischen Richtung, würde auch die Hand nicht folgerichtig auf den Betrachter wirken. Da die Hüfte in ihrer Form halbrund verläuft, ordnen sich die dort aufliegenden Finger ebenfalls diesem Formverlauf unter. So liegt der Daumen etwas „tiefer“, also weiter unten als die restlichen Finger.

3 Realistische Darstellung

Als letztes folgt die realistische Zeichnung. Die sich durch Stauchung zwischen Unterarm und Hand ergebenden Falten umschreiben den Querschnitt des Handgelenkes bzw. des oberen Handrückens. Von da aus sind die Fingerstrecker strahlenförmig zu den einzelnen Fingern gestreckt. Durch die Streckung treten die Gelenke nicht allzu deutlich hervor und es entstehen an den Fingergelenken eher Falten.

In dieser Pose kommt es auf dem Handrücken zu kräftigen Stauchungen. Die Linien dieser Falten helfen uns, den Übergang vom Arm in den Handrücken zeichnerisch überzeugend zu gestalten und definieren auch gleichzeitig den Querschnitt (Volumen) der Handoberfläche. Hier an diesem Beispiel ist es sinnvoll, den grafischen Schwerpunkt mehr auf die Hand und weniger auf den Arm zu richten. Wäre beides gleich ausgearbeitet, würden beide Bereiche miteinander konkurrieren.

Rechte Hand mit Kugel

Hier umgreift und hält die Hand eine Kugel. Diese liegt in der inneren, leicht gebeugten Handfläche und die einzelnen Finger umgreifen sie. Die Hand ist vergleichbar mit einer Schale, die den Inhalt, also die Kugel, sicher trägt.

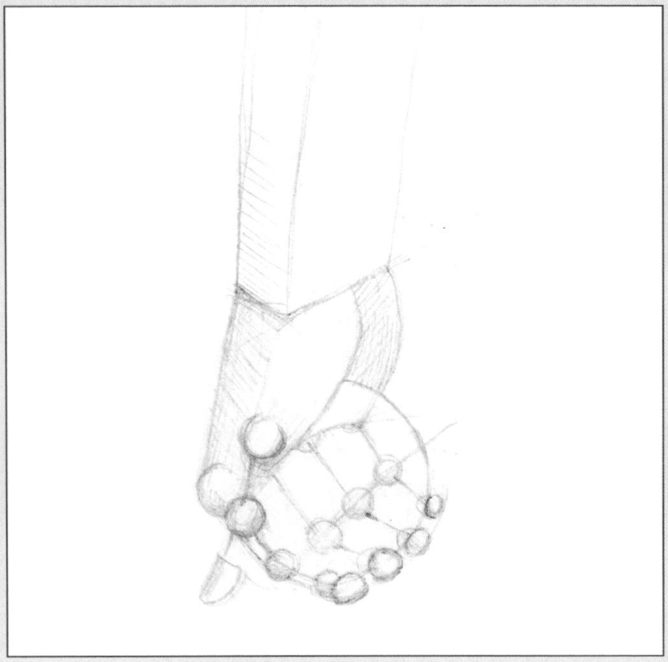

1 Perspektivische Ausrichtung
Die Winkelstellung der einzelnen Fingerglieder umschreiben also eine runde Form. Die Hand selbst ist in einer Dreiviertelperspektive zu sehen, der Daumen ist nach vorn ausgerichtet.
Lege zunächst die Perspektive der Trapez-Form fest. Dann zeichne unter Berücksichtigung des Volumens der Kugel die unterschiedlichen Winkel der einzelnen Finger.

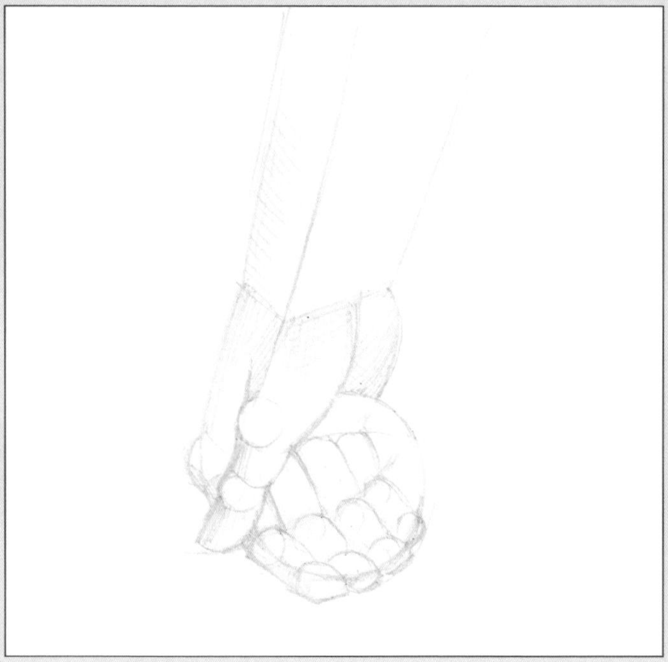

2 Geometrisierung
Gib nun in der Vereinfachung den Fingern entsprechend der perspektivischen Ausrichtung ihr Volumen. Denke dabei im Zusammenhang der gesamten Hand, trotz der Überlagerung durch die Kugel. Selbst wenn die einzelnen Fingerspitzen – nur der Daumen ist vollständig zu sehen – auf der Kugel nur wenig in Erscheinung treten, erkennt unser Auge sofort, ob diese richtig positioniert sind.

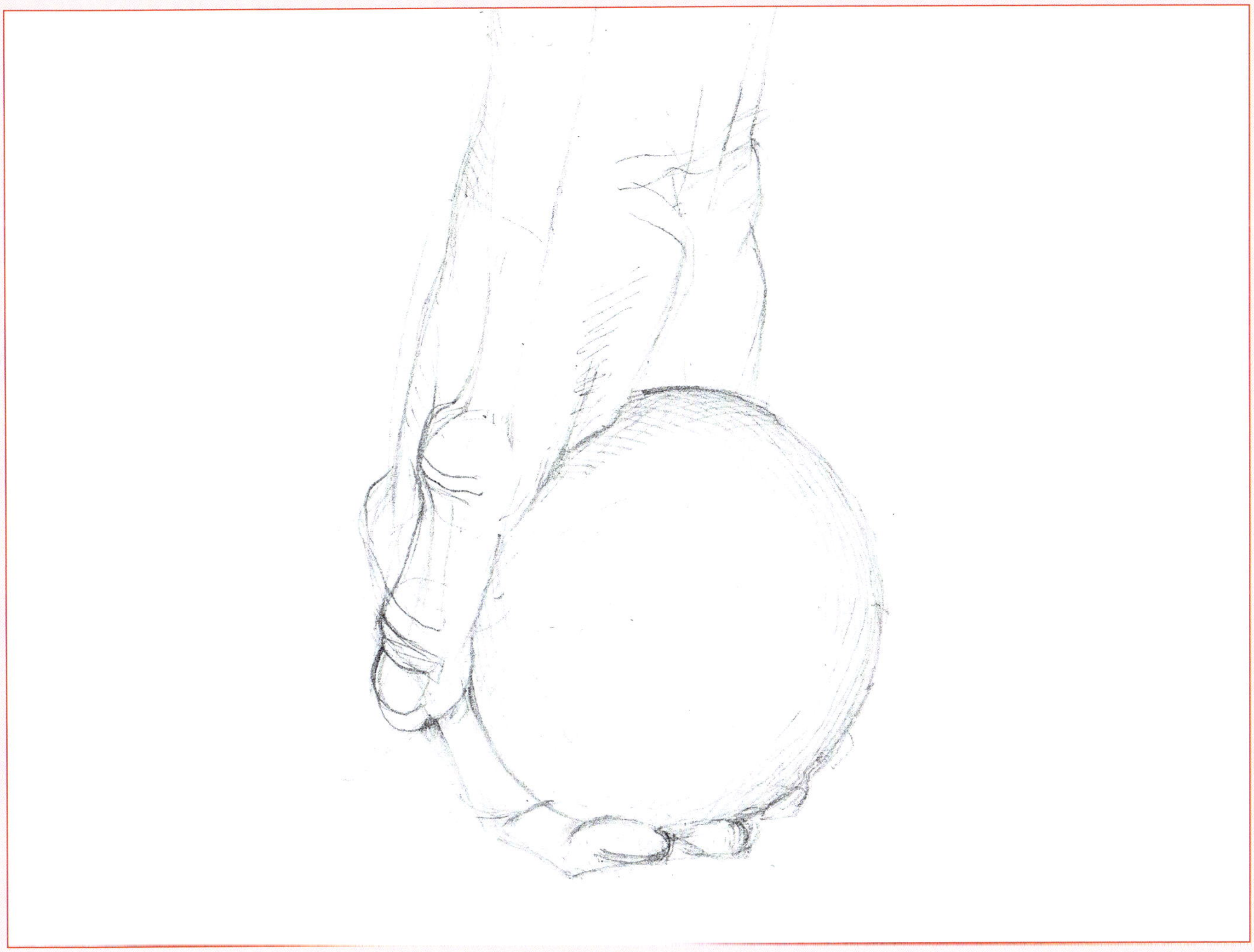

3 Realistische Darstellung

Das Endergebnis der vorhergegangenen Überlegungen zu Perspektive und Vereinfachung ist wieder die realistische Darstellung.

Hier genügt für eine überzeugende Zeichnung dieser Pose die Ausarbeitung des dominierenden Daumens, des sich anschließenden Handballens und der kleinen, auf der Kugel sichtbaren Fingerspitzen.

Dabei ist es Geschmackssache, ob du die Kugel grafisch betonen möchtest oder die einzelnen Finger, wobei in dieser Pose nur die einzelnen Fingerspitzen zu sehen sind. Die Hauptsache hier ist das zeichnerisch überzeugende Vermittlung der Funktion dieser Hand. Man könnte also durchaus diese Pose ohne Kugel zeichnen und diese dann später zeichnerisch hinzufügen.

Linker Fuß

Das linke Bein ist das Standbein, der Fuß trägt also einen Großteil des Körpergewichts. Er steht flach auf einer geraden Standfläche und wir sehen aus dem Winkel des Betrachters die Ferse sowie den äußeren Fußriss leicht von oben. Der äußere Knöchel bildet einen markanten Punkt und die Achillessehne an der Rückseite des Beines verläuft in ihrer charakteristischen scharfen Kante.

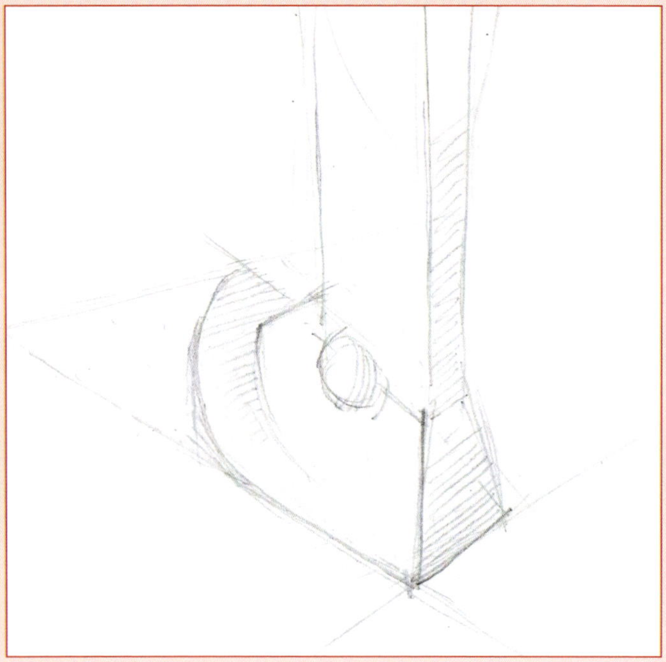

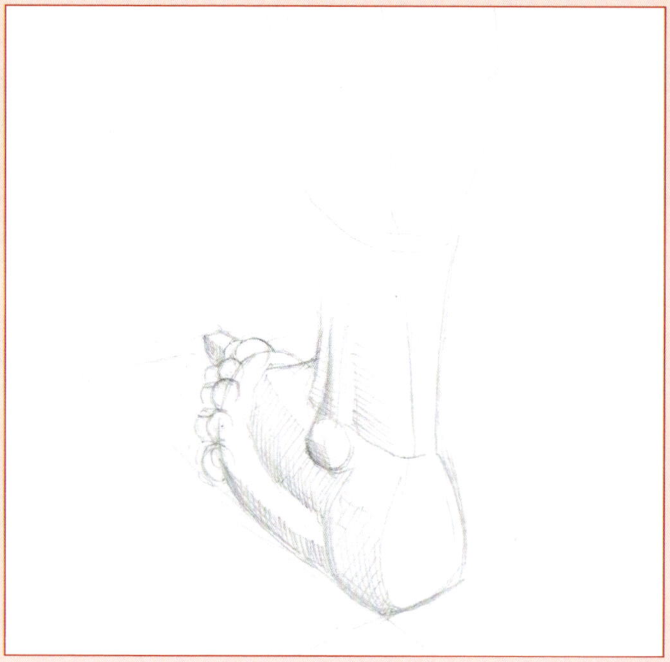

1 Perspektivische Ausrichtung

Lege auch hier wieder die Perspektive der Trapez-Form fest. Ziehe dann auf diesem Grundriss den Halbkreis für die Zehenreihe. Da du von oben auf den Fuß schaust, besteht eine starke Aufsicht.
Sobald du die Perspektive festgelegt hast, kannst du dich der Halbkugel des äußeren Knöchels sowie der harten Kante der Achillessehne widmen.

2 Geometrisierung

Setze nun auf diese Fläche des Grundrisses das Volumen des Fußristes. Dabei gibt die Halbkugel des äußeren Knöchels Orientierung. Die Ferse ist nach vorn ausgerichtet und dominiert diese Ansicht.
Erstaunlich ist hier die Höhe des Fußristes, der durch die starke Verkürzung besonders auffällig ist und das Bein mit dem Fuß zeichnerisch verbindet.

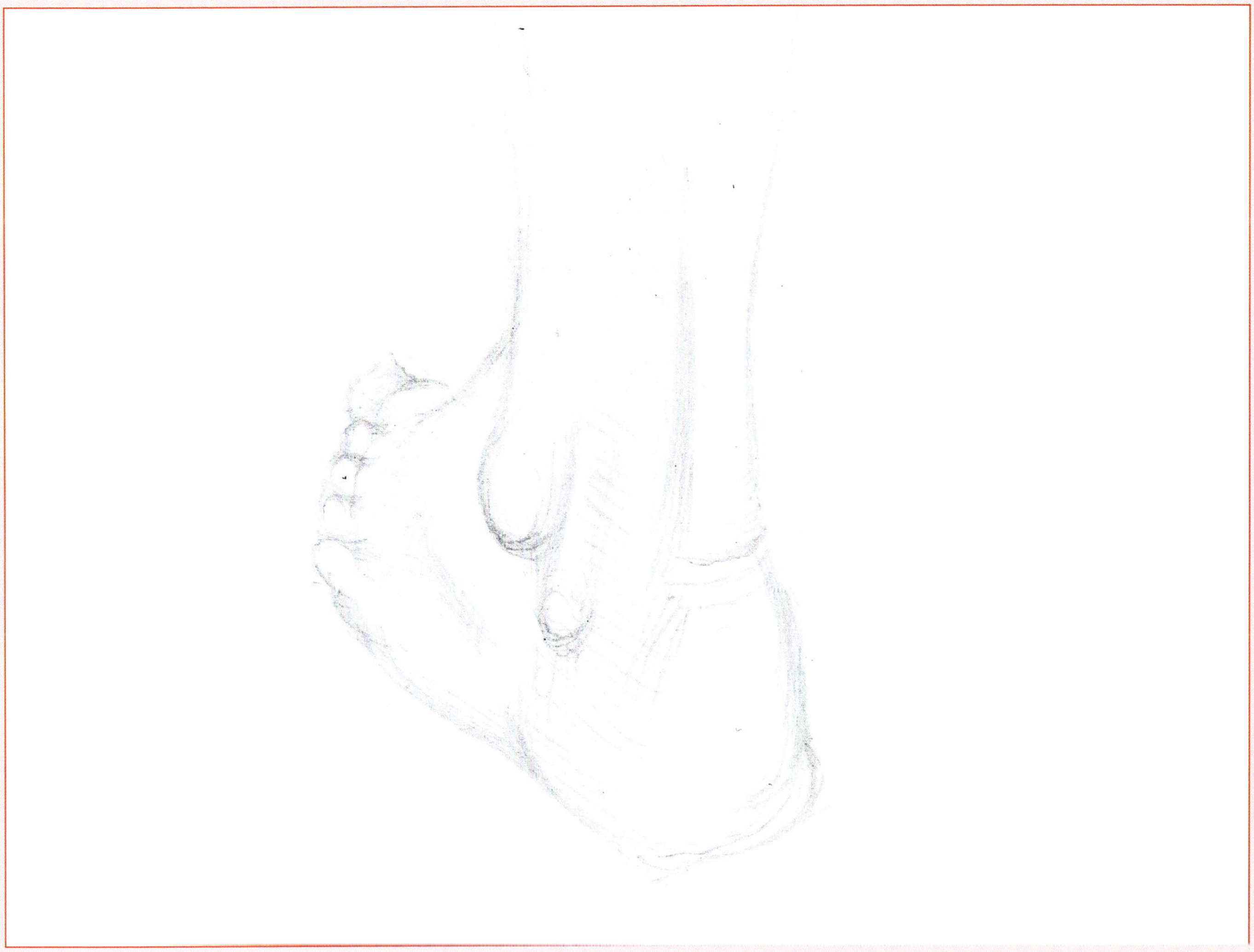

3 Realistische Darstellung

Der Realismus der Zeichnung überzeugt im Wesentlichen durch die perspektivische Darstellung. Außer der Ferse wird diese Ansicht auch durch die Kante der Achillessehne dominiert. Durch eine leichte Faltenbildung oberhalb des Fersenbeins kannst du hier noch grafische Akzente setzen, während die Zehen weit von uns weg liegen. Bei einer überzeugenden realistischen Darstellung muss nicht alles unbedingt bis ins Detail gezeichnet sein. Wichtiger sind die perspektivisch glaubwürdige Ausrichten des Fußes, die betonte Kante der Achillessehne und die richtige Position des äußeren Knöchels. Die feinen Überschneidungslinien zwischen Ferse, Mittelfuß und kleinem Zeh bringen hier eine organische Differenzierung und unterstreichen die räumliche Abgrenzung.

Rechter Fuß

Der auf dem Boden aufliegende große Zeh hat eine andere Ausrichtung als der Fuß selbst. Er drückt – wie auch die weniger sichtbaren anderen Zehen – gegen den Fußballen und es entstehen Stauchungen und leichte Falten im Fußgewölbe.

Der Innenknöchel bildet einen wichtigen markanten Punkt, der auch gleichzeitig in das sich in den Raum verkürzende Bein überleitet.

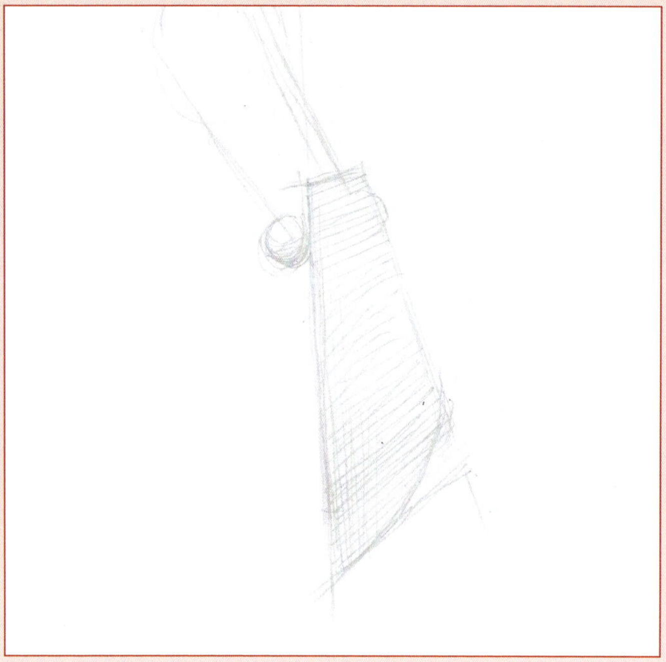

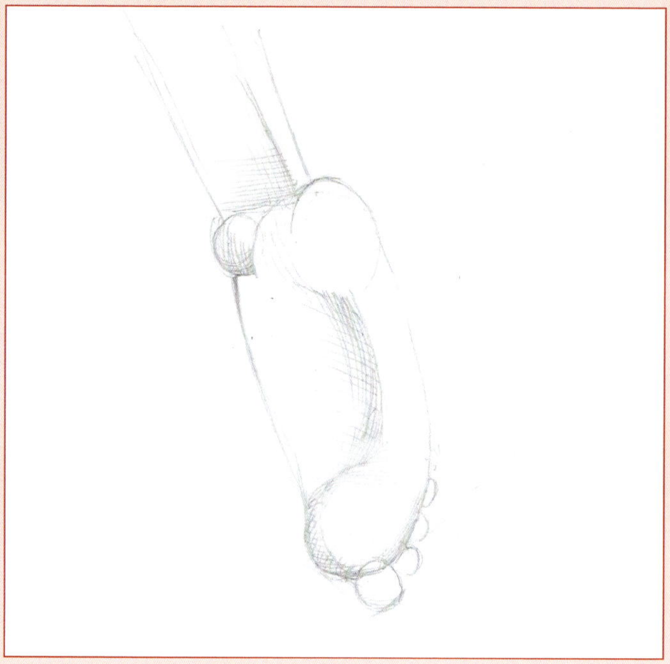

1 Perspektivische Ausrichtung

Der rechte Fuß steht von der Standfläche hoch aufgestellt in einer Dreiviertelansicht, die Innenseite mit Knöchel ist nach vorn ausgerichtet.

Lege zunächst den Winkel des Beines fest und setze das Trapez mit seiner perspektivisch ausgerichteten, halbkreisförmigen Zehenreihe daran. Die Zehen liegen auf dem Boden des Podestes auf, also haben sie eine andere perspektivische Ausrichtung als der Fuß selbst.

Die Innenseite des Knöchels tritt in dieser Pose deutlich hervor und ist hier wieder ein wichtiger Bestandteil. Die in dieser Haltung angespannte Achillessehne ist ebenfalls ein markantes Merkmal.

2 Geometrisierung

Aus der perspektivischen Ausrichtung ergibt sich wieder die Vereinfachung. Setze die Kugelformen der einzelnen Zehen an die halbkreisförmig abgerundete Trapez-Form. Beachte dabei, dass der große Zeh als einziger flach aufliegt, während sich die anderen, bedingt durch den Halbkreis, vom Boden lösen.

Der Halbkreis der in der Räumlichkeit verschwindenden Zehenreihe umschließt den Fuß.

3 Realistische Darstellung

In der realistischen Zeichnung wird deutlich, dass das Fußgewölbe durch das Aufsetzen des Fußes leicht gestaucht ist. Die entsprechenden Falten und Stauchungen sind grafisch reizvoll zu zeichnen.

Wichtig ist hier noch der innere Knöchel mit dem sich daran anschließenden, stark überstreckten Mittelfuß. Durch das Aufstützen des Fußes biegt sich das Fußgewölbe deutlich. Hierbei entstehen Falten, die durchaus einen grafischen Effekt haben können. Auch die Stauchungen oberhalb der Ferse, am Übergang zur Achillessehne, können zeichnerisch sehr reizvoll sein.

Das Innengewölbe des Fußes verläuft mit weichen Übergängen hoch zum Knöchel. Dort sollte man mit Linien und grafischen Mitteln eher sparsam umgehen. Das Weiß des Malgrundes darf dominieren. Dafür definiert das Umfeld, also die Überschneidungslinien von Mittelfuß, Ferse, Fußballen, großem Zeh, den Fuß. Auch die Stauchungen und ihre Falten können dabei sehr reizvoll sein.

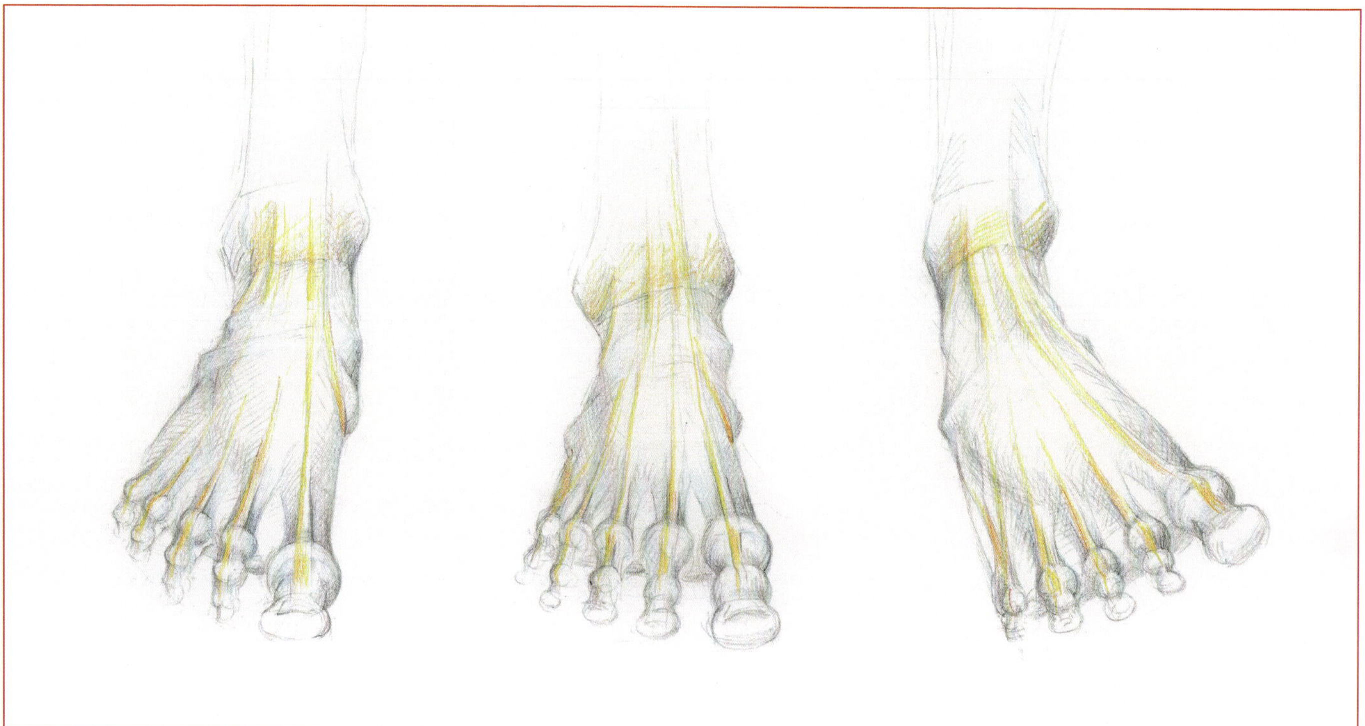

92

Impressum

Illustrationen und Fotos: Petra Bammes
Verantwortlich: Maria Möllenkamp
Lektorat und Produktmanagement: ZweiKonzept GbR
Layout: Michael Feuerer
Umschlaggestaltung: Regina Degenkolbe
Repro: LUDWIG:media
Herstellung: Kathleen Baumann
Printed in Slovakia by Neografia

★★★★★

Sind Sie mit diesem Titel zufrieden? Dann würden wir uns über Ihre Weiterempfehlung freuen. Erzählen Sie es im Freundeskreis, berichten Sie Ihrem Buchhändler oder bewerten Sie bei Onlinekauf. Und wenn Sie Kritik, Korrekturen, Aktualisierungen haben, freuen wir uns über Ihre Nachricht an:
Christian Verlag, Postfach 40 02 09, D-80702 München
oder per E-Mail an lektorat@verlagshaus.de.

Unser komplettes Programm finden Sie unter

www.christophorus-verlag.de

In diesem Buch wird aus Gründen der besseren Lesbarkeit das generische Maskulinum verwendet. Weibliche und anderweitige Geschlechteridentitäten werden dabei ausdrücklich mitgemeint, soweit es für die Aussage erforderlich ist.

Die Deutsche Nationalbibliothek verzeichnet diese Publikation in der Deutschen Nationalbibliografie; detaillierte bibliografische Daten sind im Internet über http://dnb.d-nb.de abrufbar.

Infanteriestraße 11a, 80797 München

ISBN: 978-3-86230-432-5

Ebenfalls erhältlich ...

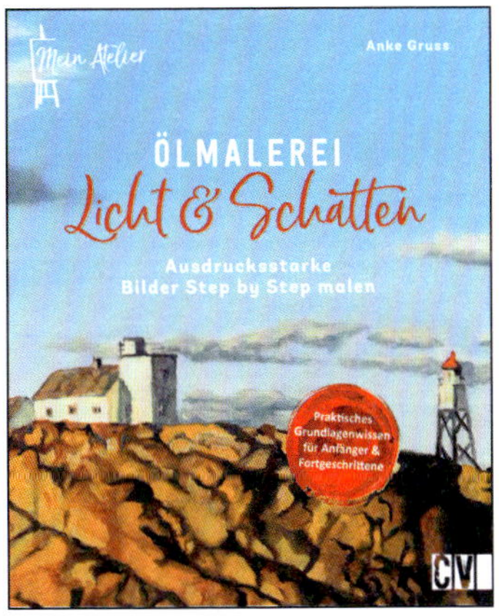

ISBN 978-3-86230-430-1

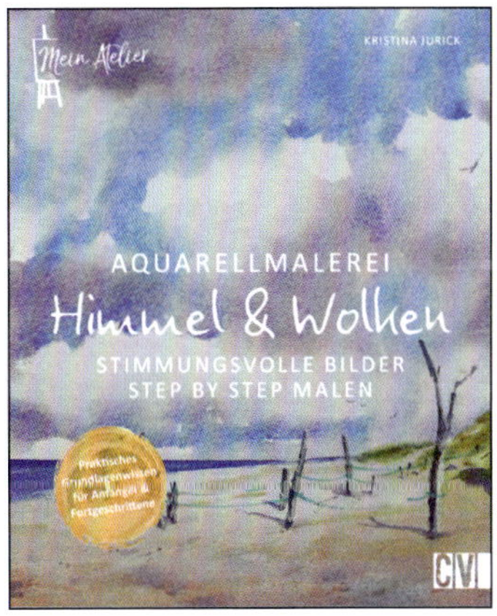

ISBN 978-3-86230-428-8

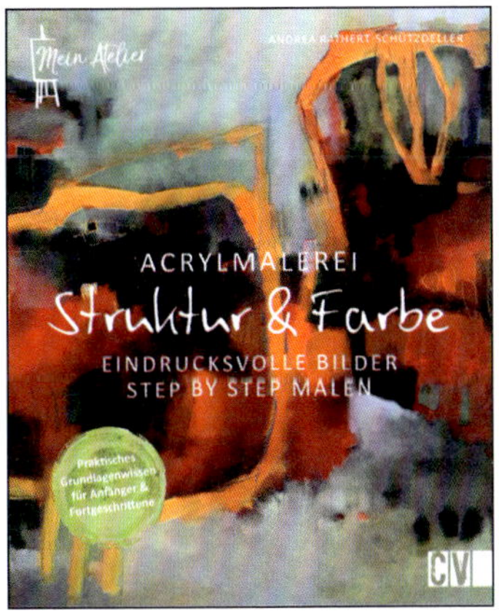

ISBN 978-3-86230-429-5

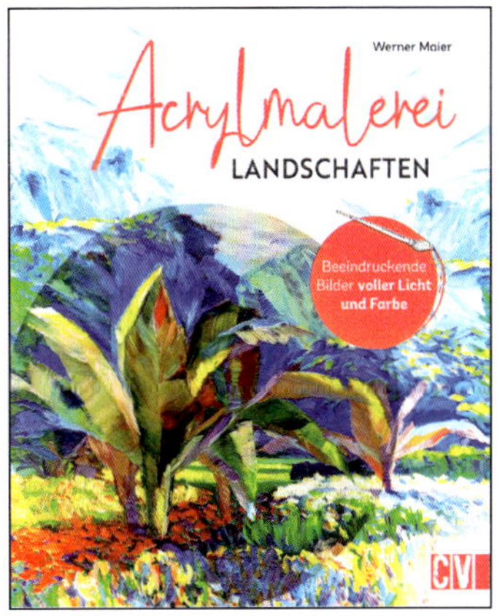

ISBN 978 3 86230 439 4

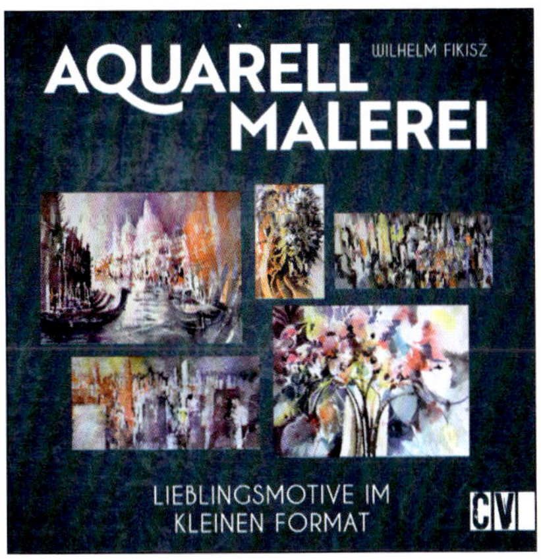

ISBN 978-3-86230-424-0

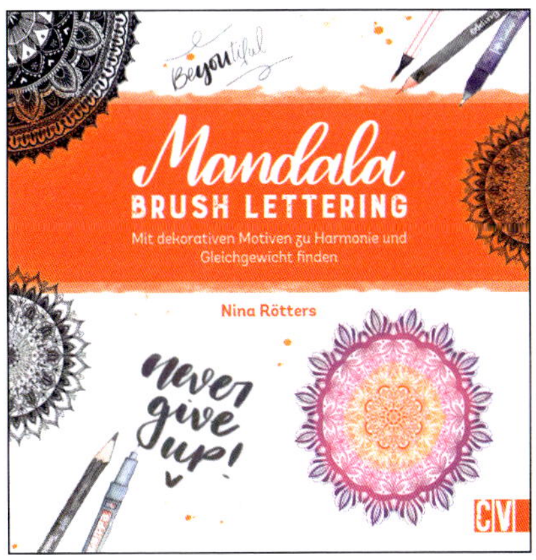

ISBN 978-3-86230-435-6

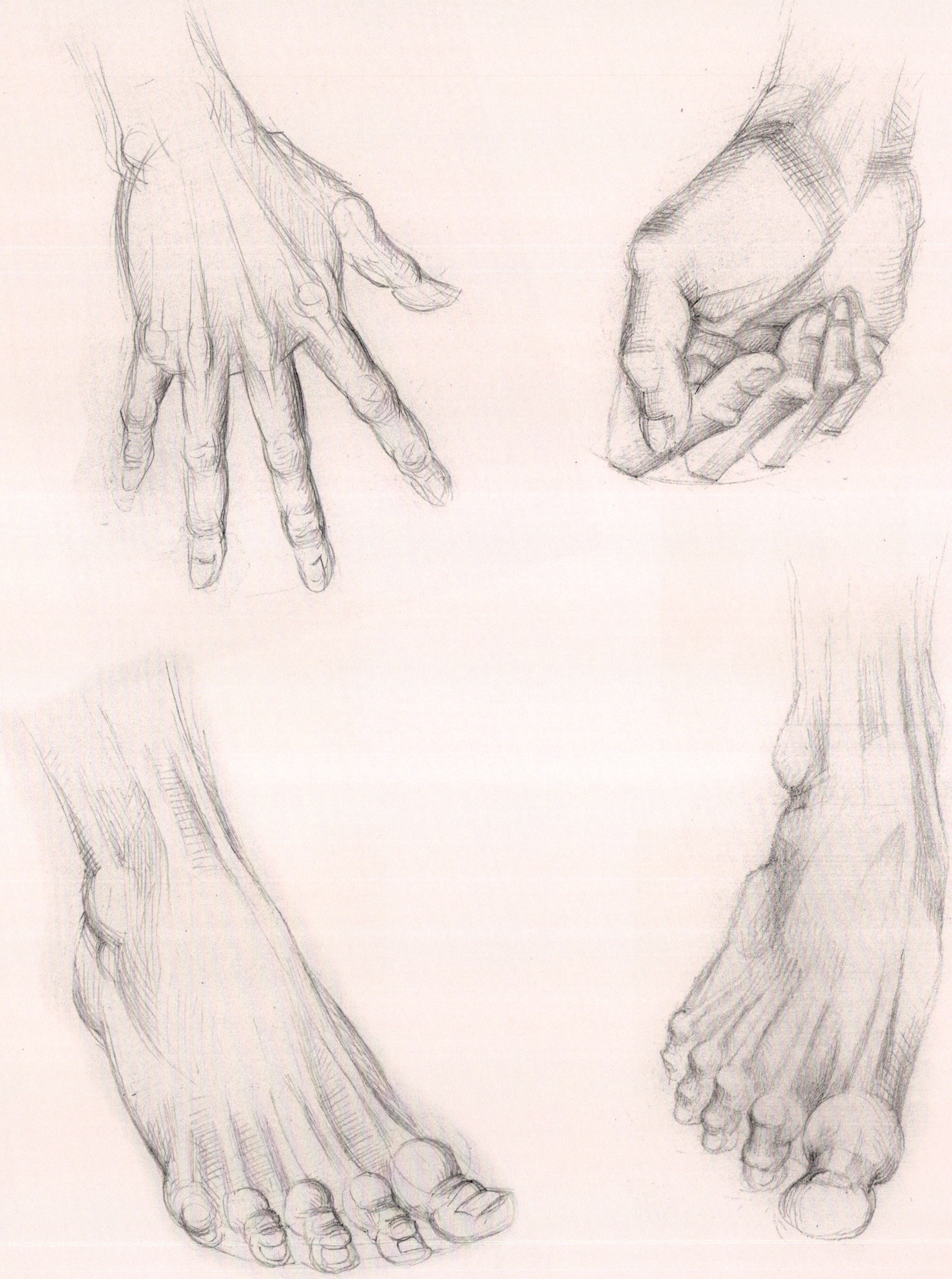